Susanne Krahe und
Eberhard Fincke

Organspende –
ein Akt der Nächstenliebe?

Susanne Krahe
und Eberhard Fincke

Organspende – ein Akt der Nächstenliebe?

Pro und Contra Transplantationsmedizin

echter

Und wann bekommen Sie eine neue Niere?

Wer an die Dialyse muss, kennt solche Fragen, die in bedrängter Anteilnahme Hilfe durch eine gleichsam technische Lösung suchen. Natürlich, schränkt man alsbald ein, der Mensch ist kein Auto, in das die Werkstatt ein Ersatzteil einbaut. Doch seit der Philosoph René Descartes (vor 400 Jahren) damit angefangen hat, den Leib wie überhaupt alle Organismen als Maschine anzusehen, hat gerade im christlichen Abendland die naturwissenschaftliche Medizin einen ungeheuren Aufschwung erlebt.

Mit früher unvorstellbaren Medikamenten und Techniken kann sie das Leben der Menschen verlängern. War das Nierenversagen noch vor 50 Jahren gleichbedeutend mit dem Tod, so leben heute allein in Deutschland ca. 70 000 Menschen damit, dreimal die Woche vier bis fünf Stunden an eine Dialysemaschine angeschlossen zu werden. Und jährlich wird in Deutschland über 4000 Menschen ein fremdes Herz eingepflanzt oder eine Leber, eine Lunge, Bauchspeicheldrüse oder Niere. Gleichzeitig warten auf eine Transplantation 12 000 Menschen.

Große Hoffnung und Erlebnisse der Erlösung bedeuten solche Zahlen, doch auch viel Enttäuschung, Schmerz und Leid. Und schwer zu beantworten sind viele Fragen, die sich mit der hoch technisierten Medizin nicht nur den Kranken und Ärzten stellen, sondern bei dem Mangel an Spenderorganen der ganzen Gesellschaft. Da Manipulationen bei der Organvergabe die Bereitschaft zur Organspende offenbar vermindert haben, bemühen sich in Gesellschaft und Kirche viele Stimmen um Aufklärung und Information.

Um solche Fragen und Antworten geht es in dem folgenden Briefwechsel, den zwei Betroffene miteinander geführt haben, die Autorin Susanne Krahe, seit über 20 Jahren transplantiert, und Eberhard Fincke, seit 15 Jahren Dialysepatient. Beide in der (evangelischen) Theologie engagiert, wollen sie besonders herausarbeiten, ob und wie man vom christlichen Glauben her mit den Problemen umgehen kann, die sich aus der modernen Transplantationsmedizin ergeben. Anlass war ein Artikel von Eberhard Fincke in der Zeitschrift PUBLIK FORUM, der das Gespräch eröffnet.

Eberhard Fincke

Nächstenliebe und Transplantation

von Eberhard Fincke

Da die Transplantationsmedizin auf mehr Bereitschaft zur Organspende drängt, versuchen die Politiker mit einem neuen Transplantationsgesetz den moralischen Druck zu erhöhen und viele Sprecher der Kirchen bemühen zu demselben Zweck das Evangelium. Für nicht wenige von ihnen, auch für den Bischof der evangelisch-lutherischen Landeskirche Braunschweig, Professor Dr. Friedrich Weber, „ist die Organspende Ausdruck christlicher Nächstenliebe und Solidarität". Aber passt das zusammen?

Als der Satz „Liebe deinen Nächsten wie dich selbst" gesagt und aufgeschrieben wurde, war man weit entfernt davon, so wie heute zwischen Körper und Geist zu trennen und den eigenen Körper wie einen Gegenstand oder ein Werkzeug zu behandeln. Man war weitgehend auf die Selbstheilungskräfte des Körpers angewiesen. Damit er sie einsetzt, muss man schon partnerschaftlich mit ihm umgehen wie mit einem Freund oder mit Gott. Wir alle reagieren abweisend, wenn uns ein Mensch, Partner oder Freund instrumentalisieren, steuern oder gar zwingen will. So schließen sich Partnerschaft und Instrumentalisierung gegenseitig aus.

Die Liebe nun gehört zweifellos auf die Seite des partnerschaftlichen Umgangs, die Transplantation auf die andere Seite. Sie bildet vorläufig den Höhepunkt in der Entwicklung, den Körper zu instrumentalisieren, uns also von der Partnerschaft zu entfernen, von der wir doch alle leben. Den so gewachsenen Zwiespalt zwischen dem, was wir können, und dem, was wir dürfen, erfahren besonders alle, die sich in der Regel plötzlich vor das Hirntod-Problem gestellt sehen. Doch auch alle Transplantierten leiden mehr oder weniger daran, dass sie die Selbstheilungskräfte ihres Organismus fortan lebenslang durch Medikamente herabsetzen müssen, um ihn zu zwingen, das eingepflanzte Organ anzunehmen.

Natürlich hängen wir alle am Leben, doch gerade weil die Angst vor dem Sterben uns dazu treiben kann, alle Rücksicht zu vergessen, sollten wir genau hinschauen, um zu wissen, was wir tun. Setzen wir in unserer berechtigten Angst vor dem Sterben auf die Transplantationsmedizin, suchen wir das Leben in der Instrumentalisierung des Körpers, obwohl wir es im Grunde dem Partnersein verdanken. Ist da die Rede von der Nächstenliebe nicht etwas vorschnell? Wird jener Widerspruch von uns vertuscht und verwischt, der aber dann in einer konkreten Situation umso schmerzlicher aufbricht?

Bei der Neufassung des Organspendegesetzes geht es um Situationen, in denen ein Mensch und seine Ärzte bis zuletzt um sein Leben kämpfen und der andere ebenfalls mit seinen Ärzten um sein Leben kämpft. Glücklicherweise wissen beide nichts voneinander; denn der Erste will eigentlich leben und sein Organ behalten und der Andere braucht dieses Organ, weil er am Leben hängt. In solcher Beziehung zueinander kann von Liebe keine Rede sein, im Gegenteil.

Die Instrumentalisierung und Technisierung in allen Lebensbereichen führt uns heute immer öfter in Situationen, die uns zur Ehrlichkeit herausfordern, wenn wir sie bestehen wollen. Theologie und Kirche könnten das erleichtern, wenn sie selbst diese Kunst einübten.

In: Publik-Forum, kritisch – christlich – unabhängig, Oberursel, Ausgabe 13/2012

Lieber Herr Fincke,

Ihr kritischer Ansatz unterscheidet sich zunächst gar nicht von meiner eigenen Position – obwohl ich doch seit über 20 Jahren mit zwei Spenderorganen lebe, von den Fortschritten in Medizin und Transplantationswesen also reichlich profitiere. Aber Organspende als „Akt der Nächstenliebe"? Nein, diese offizielle kirchliche Deutung klingt auch mir viel zu billig. Sie zeugt von gutem Willen hinter oberflächlichem Wissen. Um sie nicht gleich als unehrlich zu diffamieren, kann ich ihr allenfalls Naivität zugestehen. Ganz abgesehen davon, dass ich Nächstenliebe für nichts spezifisch Christliches halte; Letzteres wäre wohl eher die Forderung der Fremden- und Feindesliebe: Wer in der Weitergabe eigener oder fremder Lebensreserven an einen anderen Menschen lediglich eine altruistische Gut- oder Heldentat erkennt, hat anscheinend den hohen Preis vergessen, der von allen Beteiligten gezahlt werden muss. Gerade als Organempfängerin, die seit über 20 Jahren mit den Lebensresten eines fremden Menschen existiert, möchte ich diese Beziehung in ihrer Tiefe und ihrer Ungeheuerlichkeit anerkannt wissen. Nächstenliebe? Ich halte diese ethische Kategorie für unpassend. „Thema verfehlt" würde ich unter diesen freundlichen Versuch schreiben, wenn ich ihn zu beurteilen hätte.

Bei der Organspende geht es um mehr, zum Beispiel um unser Menschen- und Gottesbild. Wird es durch Organspenden in Frage gestellt oder erweitert? Es geht um existentielle Fragen von Individualität und Identität, um unveräußerliche Rechte und unerzwingbaren Verzicht auf Recht und Gerechtigkeit, um den Umgang mit Desillusionierungen; lauter Fragen also, für die die Kategorien, die oft bemüht wurden und werden – Schöpfungsordnung etwa – nur unzureichende Antworten bereithalten. Wie sollte es auch anders sein? Durch die Transplantationsmedizin werden uns völlig neue menschliche Problem- und Erfahrungsfelder eröffnet, die erst seit einigen Jahrzehnten an unserem Horizont erscheinen. Womöglich enthalten solche Neuerungen einen Angriff auf theologische und kirchliche Traditionen. Sich mit dem allseits beliebten, konsensfähigen „Liebe deinen Nächsten" der Herausforderung zu entziehen, erscheint mir kümmerlich. Haben wir auf der Grundlage unseres Glaubens wirklich nicht mehr zu sagen? Dürfen wir allen Ängsten und Widersprüchen mit einem Schlagwort einfach das Maul stopfen?

Ein Rückzug hinter die Grenzen, die medizinische Forschung längst fröhlich überschritten hat, ohne die Theologie um Erlaubnis zu bitten, halte ich für schlichtweg unmöglich. Die verbotene Frucht ist längst verdaut, das Paradies liegt hinter uns. Statt über Grenzüberschreitungen zu lamentieren, müssen wir den gewaltsam erweiterten Horizont als Ausgangspunkt unseres Denkens und Handelns annehmen. Wer sagt eigentlich, dass es sich jenseits von Eden nicht leben lässt? Es mag ein Leben „in Sünde“ sein; was immer das konkret heißt. Doch ohne das Risiko, etwas grundsätzlich Falsches zu wagen, kommt unsere Lebenswirklichkeit nicht aus.

Es kann deshalb nicht darum gehen, die eine oder andere medizinische Möglichkeit kurzerhand für unerlaubt zu erklären. Vielmehr sollte theologisches Denken die Konsequenzen des sogenannten Fortschritts genau analysieren und erläutern. Es könnte versuchen, die fremde. technische Sprache in eigene Kategorien zu übersetzen und zu formulieren, was die medizinischen Neuerungen im theologischen und philosophischen Kosmos eigentlich anstoßen. Bieten diese vermeintlichen Anstößigkeiten nicht auch Chancen? Entfremden sie uns von unserer Menschlichkeit, oder erlauben nicht gerade sie eine neue Nähe zu unserer menschlichen Begrenztheit und Sterblichkeit?

Wahr ist, dass moderne Diagnose- und Medizintechnik uns Patientinnen mit ihren Geräten, Schläuchen und bildgebenden Verfahren zunächst eiskalt erwischen. Ich habe mich nie mit der Maschine befreunden können, die statt meiner kaputten Niere mein Blut filterte, und ich kann mir vorstellen, dass es den Herzpatienten ähnlich ergeht, deren

Puls durch einen kleinen Koffer geregelt wird, der alle paar Stunden an die Steckdose angeschlossen werden muss. Eigentlich müssen die Fragen, die medizintechnische Grenzüberschreitungen zwischen Leben und Tod betreffen, schon an diesem Punkt moderner Therapie-Möglichkeiten angesiedelt werden. Wo mir täglich Nadeln unter die Haut gestochen werden und ein „Ersatz-System" an meinen Organismus angedockt wird, passiert die Lebensbewahrung künstlich. Wo ein fremdes Herz in meiner Brust schlägt, wo die Niere eines Anderen unter meiner Bauchhaut rieselt, mag das fremd und neu erscheinen, nicht aber unnatürlich oder künstlich.

Nie vergesse ich den Moment, als ich nach einer sechsstündigen Operation aus der Narkose erwachte. Von einer Krankenschwester erfuhr ich, was mich am meisten interessierte: Ja, die Niere, die soeben unter meine Bauchhaut verpflanzt worden war, schied bereits Wasser aus, jede Menge sogar, „literweise". Von der Sekunde an, da die Klammern gelöst wurden und mein Blut aus eigenen Gefäßen in fremde gepumpt wurde, schien das fremde Organ mit einem gründlichen Hausputz in seiner neuen Wohnung begonnen zu haben. Bald bekam ich zu spüren, dass der neue Mitbewohner sich keinesfalls als mein ergebener Diener den Eigenwillen nehmen ließ, sondern eine neue Ordnung in unserem Organismus einführen wollte.

Sie merken vielleicht schon an dieser Stelle: Meine persönliche Erfahrung mit diesem Einzug in meinen Körper hat nichts mit Funktionalisierung zu tun. Jedem, der das behauptet, muss ich widersprechen. Wenn ich den Gesellen, der meinen Stoffwechsel regelt, je als „Ersatzteil" betrachtet und empfunden hätte, hätte er seine „Dienste" längst verweigert, da bin ich sicher. Er ist kein „Ding" oder, wie es im medizinischen Fachjargon heißt, kein „Transplantat". Das fremde Organ repräsentiert für mich eine fremde Person, die sich mir vertraut gemacht hat. Sie ist mir zum Allernächsten der Nächsten geworden, zum Partner und Freund, der zwar in meinem Organismus, aber eben dort sein Eigenleben führt. Wenn ich mit ihm auskommen will, muss ich zu Kompromissen bereit sein.

Liebe Frau Krahe,

beide erheben wir Einspruch, wenn die widerstreitenden Empfindungen und Meinungen, die die Organverpflanzung auslöst, mit dem Appell an die Nächstenliebe beruhigt werden, und offenbar stellen wir auch beide überhaupt in Frage, ob die herkömmliche kirchliche und theologische Rede angesichts der Leistungen und Wirkungen der technischen Medizin noch Kompetenz beanspruchen kann.

Doch langjährige Erfahrung mit Transplantationen und Dialyse hindert uns auch daran, dem verbreiteten fatalistischen Sarkasmus oder gar Zynismus nachzugeben bzw. zurückzufallen in die gewöhnliche Verdrängung der Ängste, Schuldgefühle, Zweifel und Fragen, die das Thema Sterben, Tod und auch Transplantation in uns auslöst. Vielmehr lassen uns jene Erfahrungen vermuten, dass die jüdisch-christliche Überlieferung vielleicht doch bisher verschüttete Einsichten bereithält, die im Umgang mit der Transplantationsmedizin weiterhelfen, mag auch zurzeit von Kirche und Theologie wenig Ermutigung ausgehen. Um solchen Einsichten auf die Spur zu kommen, könnte man Ihren Satz aufnehmen, wir müssten (ich meine: sollten) „den gewaltsam erweiterten Horizont als Ausgangspunkt unseres Denkens und Handelns annehmen". In der Tat, wir können nicht zurück. Doch das Schlüsselwort in Ihrem Satz ist für mich das Wort „gewaltsam".

Bestärkt durch viel schmerzliche Erfahrung, wagen Sie auszusprechen, dass unsere abendländisch-christliche Kultur mit ihrem technischen Fortschritt durchaus gewaltsam vorgeht. Es ist ein Wagnis, dies auszusprechen, weil die in vielfältiger Form angewandte Gewalt verheimlicht oder aber als Kampf gegen das Böse bzw. gegen Tod, Schmerz, Krankheit und Leid gerecht gesprochen wird. Wie fraglich diese Gerechtigkeit ist, erfahren viele in dem Schock, den sie beim Besuch eines Gefängnisses, eines Schlachthofs, einer Hühnerbatterie usw. erleben und ganz und gar in der Konfrontation mit dem Hirntod. Ist dieser Schock nur auf mangelnde Gewöhnung zurückzuführen? Oder meldet sich in ihm nicht vielmehr elementare, also sozialbiologisch angelegte Vorsicht, die besagt: Das ist Gewalt, also Unrecht, und kann auf mich zurückschlagen.

Es sieht so aus, als sei die Vermeidung von Gewalt eine Grundbedingung des Lebens auf der Erde, damit es nicht in Gewalt und Gegengewalt verloren geht. Erst mit dem Gewaltmonopol hat ein Staat die Macht übernommen, so dass an die Stelle der Gewaltvermeidung das Recht auf Gewalt treten konnte. Hat man seitdem das Gesetz auf seiner Seite, so kann man andere zwingen, Nachteile hinzunehmen, und ist doch sicher vor ihrem Zorn, ihrer Wut oder Gegenwehr, also vor ihrer Gewalt. Ohne diese Sicherheit wären Zivilisation, Wirtschaft, Technik und Industrie

– und eben auch Medizintechnik – nicht möglich gewesen.

In dieser Kultur des Rechts auf Gewalt und der Sicherheit vor ihr ist auch Gott zu einem König oder Herrn gemacht worden, der Gesetze erlässt und ihre Nichteinhaltung bestraft, dessen Attribute Macht und Herrschaft sind. Doch wie gegenwärtig der wirtschaftlich-technische Fortschritt vielfach – eben auch medizinisch – an unübersteigbare und erschreckende Grenzen stößt, so zeigt sich auch die herrschende Theologie, die von der Herrschaft Gottes spricht, als unzutreffend. Wir bemerken, dass sie im Alten und Neuen Testament den eigentlich gemeinten Glauben überlagert, der vielmehr der Kultur der Gewaltvermeidung angehört. Sicherheit, Beherrschung und Gesetz sind keine Kategorien solchen Glaubens, sondern Entgegenkommen, Gegenseitigkeit, Partnerschaft, Balance, was auch mehr den Erfahrungen entspricht, zu denen Sie durch die Transplantation gelangt sind.

Lieber Herr Fincke,

ich bin nicht so sicher wie Sie, dass wir in unserer Menschennatur so etwas wie eine sozialbiologische Vorsicht angelegt haben, die uns empfiehlt, Gewalt zu vermeiden. Auch unsere jüdisch-christliche Tradition nimmt den Menschen wohl eher als „homo homini lupus", als Mensch, der dem Menschen ein Wolf ist, wahr.

Wenn ich die Bibel durchblättere, kommt sie mir manchmal vor wie eine Chronik der menschlichen, durchaus auch der göttlichen, also dem biblischen JHWH zugeschriebenen Gewalttaten. Unmittelbar nach der Ausweisung aus dem Garten Eden ging es mit Mord und Totschlag los. Kain erschlug seinen Bruder Abel (Gen 4), Mose brachte einen ägyptischen Aufseher um (Ex 2), König David tötete nicht nur den feindlichen Riesen Goliath (1 Sam 17), sondern ließ auch den Ehemann seiner Geliebten im Krieg liquidieren (2 Sam 11), um „frei" für seine Eheschließung mit Bathseba zu werden. Die Beispiele für kriegerische und persönliche Taten dieser Art ließen sich beliebig vermehren und reichen bis ins Neue Testament hinein. Dort beginnt die Geschichte des „wahren Messias" Jesus immerhin mit dem grausamen Mord an den Kindern von Bethlehem (Mt 2). Den Überlieferer der Legende, den Evangelisten Matthäus, hat dieser blutige Beginn der Heilsgeschichte anscheinend nicht gestört. Überhaupt habe ich oft den Eindruck, dass die biblischen Menschen uns Heutige als viel zu idealistisch, wenn nicht gar als zimperlich belächeln könnten.

Es gibt aber auch ganz andere Stimmen. Jesus hat in der Bergpredigt bekanntlich eine klare Alternative formuliert; wer dem Angreifer die linke Backe hinhält, statt zurückzuschlagen (Mt 5,39), der übt demonstrativen Gewaltverzicht aus, ohne sich um das eigene Prestige oder die Effektivität seines Handelns zu scheren. Die Folge des Verzichts auf Gegenwehr kann ein gewaltsamer Tod sein, wie ihn der Mann aus Nazareth und viele seiner Nachfolger erleiden mussten. Christlicher Glaube und Gewalt widersprechen sich fundamental, da bin ich ganz Ihrer Meinung. Der unheilsame Kreislauf einer sich ständig aufschaukelnden Kette von Angriff und Gegenangriff kann nur durchbrochen werden, wenn einer der Kämpfenden die Waffen sinken lässt.

Die biblische Überlieferung kann man keineswegs unter den Begriff einer „Kultur des Rechts auf Gewalt" fassen. Die biblischen Überlieferer nehmen Gier, Machtwillen und Herrschsucht des Menschen vielmehr ziemlich realistisch als Grund für verschiedene Versuche wahr, dieses zerstörerische Potential in Schach zu halten. Als einen solchen disziplinierenden Versuch betrachte ich auch die Gesetze, von den Zehn Geboten bis zur Bergpredigt. Verbote wie „Du sollst nicht morden" wären unnötig bzw. liefen ins Leere, wenn Mord und die Gefahr,

selbst ermordet zu werden, nicht zu den realen Gegebenheiten der altorientalischen Welt – und nicht nur ihrer – gehört hätten. Gott wird in diesem Prozess der Disziplinierung des Gewaltpotentials nicht (immer) für eigene Machtinteressen der Herrschenden instrumentalisiert. Ist es nicht erstaunlich – wenn nicht sogar anstößig –, dass JHWH den Brudermörder Kain mit einem Schutzzeichen versieht, dass er Mose zum Retter seines Volkes beruft, obwohl dieser Mann Blut an seinen Händen trägt? Das heißt nicht, dass Gott Mordtaten rechtfertigt! Vielleicht betreibt JHWH vor allem Schadensbegrenzung, wenn er Gnade vor Recht walten lässt, oder er denkt pragmatisch, weil die Todesstrafe noch kein Mordopfer ins Leben zurückgeholt hat.

Eine Begnadigung, wie sie König David zuteil wird, hat freilich einen bitteren Beigeschmack. Statt seiner wird das unschuldige Kind mit dem Tod „bestraft", das in der Verbindung mit Bathseba gezeugt wurde (2 Sam 12). Der Skandal dieser Konfliktlösung lässt sich leicht mit dem Hinweis auf archaische Vorstellungen von Ausgleich, Opfer und Sühne weichklopfen. Aber die Erfahrung, dass die Rettung eines Menschen auf Kosten eines anderen gehen kann, ist gar nicht so weit von unserer Wirklichkeit entfernt – und erinnert mich in der Tat daran, dass meine eigene Rettung durch die Transplantation nur möglich wurde, weil ein anderer Mensch gestorben war.

Liebe Frau Krahe,

mit Bezug auf die Medizintechnik hatten Sie von „Gewaltsamkeit“ gesprochen und mir schien dies Wort geeignet für eine Orientierung, wenn wir danach suchen, wie man menschlich oder christlich mit der fortschreitenden Medizintechnik umgehen kann.

Sie haben das aufgenommen, indem Sie mit einer kleinen Revue von Mord und Totschlag in der Bibel antworteten. Das ist sozusagen der ganz grobe Bereich der Gewalt. Seit ein König oder ein Staat mit Gewalt (Gewaltmonopol) die Einhaltung der Gesetze erzwingt, sind wir als Einwohner der westlichen Welt einigermaßen voreinander sicher.

Diese Sicherheit hat uns beziehungsdumm gemacht, das heißt unempfindlich für den Zwang oder die Gewalt, die wir indirekt im Schutz der Gesetze und Verträge auf andere Menschen ausüben und erst recht auf alle Lebewesen bis hin zu den Fliegen, die wir erschlagen, weil sie uns stören, und den Bakterien, die wir mit Antibiotika „bekämpfen“.

Bekanntlich verrät gerade die medizinische Sprache, wie einseitig feindlich unsere Beziehung zu dem Geschehen in unserem Körper ist, zu seinen Schmerzen und Krankheiten, und wie gewaltsam die therapeutischen Maßnahmen. Diese werden umso gewalttätiger, je tiefer wir mit diagnostischen und therapeutischen Techniken in die biologischen Zusammenhänge vordringen, weil unsere Wissenschaft dort noch so wenig versteht.

Als Beispiel können wir Dialyse und Transplantation nehmen. Die Dialyse empfinden Sie als künstlich, weil das Blut in einem „Ersatzsystem" gefiltert wird, während die fremde transplantierte Niere doch „nicht unnatürlich" ihren Dienst versieht. Andererseits arbeitet die Dialyse mechanisch, das heißt ziemlich weit außen an der Oberfläche des Organismus, während mit den Medikamenten, die die Abstoßung des fremden Organs verhindern, gleichsam mehrere Etagen tiefer in den lebendigen, noch wenig erforschten Zusammenhang des Organismus eingegriffen wird.

Wie auch immer, das Problem ist doch die Einseitigkeit, mit der wir alles Lebende als etwas wahrnehmen, das wir beherrschen wollen und scheinbar immer mehr auch können. So stellen wir uns Gott vor, Herrscher, Schöpfer, Allmächtiger, Gesetzgeber, der uns mit seinen Gesetzen hindert, einander totzuschlagen. Auch die Bibelwissenschaft folgt leider weitgehend dieser Vorstellung von Gott als Gesetzgeber und übersetzt darum jenes Gebot häufig mit „Du sollst nicht morden", was, verzeihen Sie, schon sprachlogisch und deshalb auch juristisch ein Unsinn ist. Sprachlogisch, weil Mord sich immer schon von selbst verboten hat und ein „du sollst nicht" dies abschwächen würde. Darum erübrigt sich im Deutschen selbst juristisch im Grunde ein Verbot des

Mordes. Lediglich die Strafe muss gesetzlich bestimmt werden.

Selbstverständlich muss es deswegen heißen: „Du sollst nicht töten", denn gemeint ist jene ganz andere, ursprüngliche Beziehung zu allem Lebenden, in der es keine Macht gibt, Gewalt zu verbieten, so dass alles darauf ankommt, sie zu vermeiden. Daraus ist evolutionär eine Kunst der Korrespondenz erwachsen, eine Kunst der Gegenseitigkeit oder Partnerschaft zu allem Lebenden, auch zum eigenen Körper, in der wir lernen, uns so zu verhalten, dass beide Partner leben können. Ist das nicht Ihre Erfahrung, zu der Sie vorgedrungen sind, in dem fremden Organ den anderen in sich aufzunehmen?

Die Zehn Gebote bezeugen ganz markant diese uralte Tradition der Korrespondenz oder Kultur der Gegenseitigkeit bzw. der Gewaltvermeidung. Diese ist eigentlich das Feuer, das in der Bibel brennt. Doch die Herrschaftskultur, die mit dem Mittel des Gesetzes Sicherheit schafft und die Anwendung von Gewalt mit dem Gewaltmonopol rechtfertigt, hat das Feuer gezähmt und überliefert jene Kultur der Gewaltvermeidung als altertümlich. Die ganze Bibel wird so einerseits als Norm verstanden, der zufolge Gewalt verboten sei, und enthält andererseits doch so viel Gewalt.

Lieber Herr Fincke,

mit dem kurzen und unvollständigen Durchgang durch die biblischen Texte wollte ich zeigen, dass diese Schriftensammlung sich in den unterschiedlichsten Textschichten und Zeiten mit der Erfahrung von Gewalt auseinandersetzt. Diese Erfahrung halte ich, ähnlich wie die vom menschlichen Machtwillen und Beherrschtwerden, von Konkurrenz und Eifersucht, von Sicherheitsbedürfnis, Kontrollzwang und Angst für eine menschliche Grundkonstante. Ob es sich bei dem, was Sie als Beziehungsdummheit erkannt haben, um das – vermeidbare? – Ergebnis eines Degenerationsprozesses handelt, der sich an bestimmten geschichtlichen Daten wie der Entstehung des Königtums festmachen lässt, weiß ich nicht. Für mich zeigen die vielfältigen und oft gegenläufigen Rezeptionsmöglichkeiten, die bereits innerhalb der biblischen Schriften realisiert wurden, etwas anderes. Verschiedene Zeiten bedingten verschiedene Menschen- und Gottesbilder. Gott war und ist immer das, was ich ihm zuschreibe, was auch schon der Überlieferer eines lange vor mir entstandenen Dokuments ihm zuschrieb. So entstand und entsteht immer noch ein buntes Mosaik von Glaubenserfahrungen, die ihren jeweiligen Zuhörerinnen und Lesern einen König mit Szepter neben einem Dornengekrönten anbieten, einen barmherzigen Vater und einen strafenden Richter, einen brutalen Choleriker, aber auch einen zärtlichen oder einen humorvollen Gott. Welchen Charakterzug ich glaubwürdig und welchen ich „falsch" finde, hängt zu guten Teilen von meinen eigenen Erfahrungen ab, als „Volk Gottes" oder als ein Individuum, das sich in das Kollektiv der Glaubenden eingebunden weiß.

Insofern kann ich Ihrem Schluss nur zustimmen, dass man die Bibel nicht einseitig für eine Idee vereinnahmen kann. Die jeweiligen Gottesbilder aus ihren Zusammenhängen zu isolieren, um sie dann auch noch für eigene Herrschaftsinteressen zu missbrauchen, finde ich nicht zulässig. Gerade die Widerständigkeit bestimmter Texte bergen ein hohes, wenn auch ganz und gar unbequemes Potential an Ideologiekritik. Gerade die Skeptikerinnen und Zweifler vereinen ihre Stimmen mit einem Chor aus lauter biblischen Um- und Neu-Erzählern, die nichts einfach so stehenlassen, wie es ist, bloß weil es dort steht.

Es ist ein sympathischer Gedanke, dass unsere Beziehungsdummheit durch den Rückgriff auf eine Kunst der Korrespondenz, eine Kultur der Gegenseitigkeit – sagen wir: zumindest etwas gemildert werden könnte. Wenn Sie in diesem Zusammenhang meine langjährige Symbiose mit meinem Organspender bzw. mit meinen gespendeten Organen ansprechen, so scheint diese freundschaftliche Haltung in der Tat ein Beispiel für eine Partnerschaft zu sein, die für das Überleben mit fremden Körperteilen unerlässlich ist. Wenn ich als Empfängerin von Fremdorganen dieselbe Beziehungsdummheit an den Tag gelegt hätte, wie ich es als Diabetikerin meinem eigenen Körper gegenüber getan hatte, wäre das Zusammenleben mit den fremden Lebensresten längst vorbei. Es ist gefährlich und überaus schade, dass der Medizinbetrieb eine empathische Zuwendung zu dem „Stoff", der im Organismus von Empfängern neu zu atmen, zu pumpen, zu filtern und zu schmerzen beginnt, nicht unbedingt fördert. Ob es den Medizinern unheimlich ist, wenn jemand sich mit Haut und Haar auf das fremde Leben einlässt, das er von außen empfangen hat?

Eine seelsorgerliche oder psychologische Begleitung der Patientinnen, die solche existentiellen Veränderungen nicht ausklammert, könnte manches Organversagen verhindern. Nun gehört jedoch zu dieser Partnerschaft nicht nur die Fähigkeit, etwas ganz Unverdientes als Geschenk annehmen zu können, sondern auch eine gewisse Einsatzbereitschaft der Patientinnen, im medizinischen Jargon „Compliance" genannt. Um das Kriterium der Erfolgsaussicht einer Transplantation zu erfüllen, muss die Patientin sich schon vor der Aufnahme auf eine Warteliste darüber im Klaren sein, dass sie das fremde Organ nicht in ihren Organismus inkludieren und nicht bei sich behalten kann, ohne die eingeborene, eigene Immunabwehr nachhaltig zu schwächen. Ich weiß, wie skeptisch Sie diese Notwendigkeit betrachten, und wie Sie empfinden wohl die allermeisten Zeitgenossen. Aber was ist so schlimm daran? Hätte ich allen Ernstes damit rechnen können, dass nach einer solchen Operation alles so weiterläuft wie vorher?

Ja, ich werde lebenslang Medikamente schlucken müssen, um das Fremdorgan nicht durch Abstoßungen zu gefährden. Abstoßungen entstehen dadurch, dass mein eigener Organismus die fremden Anteile erkennt und ausschließen oder lahmlegen will. Man kann auch sagen: Das fremde Organ wird wie ein Feind behandelt, der von meinen Abwehrkräften bekämpft wird. Oder umgekehrt die körpereigenen Wächter, die sich auf das Fremde stürzen, von dem ihr Überleben abhängt, müssen diszipliniert werden. Als „Rache" für die Unterdrückung des Immunsystems stellen sich neben vielen kleinen, wiederum beherrschbaren Nebenwirkungen ein enorm erhöhtes Krebsrisiko und die ständige Akutgefahr einer tödlichen Infektion ein. Sind es vielleicht solche Empfindungen, die Sie davon abgehalten haben, sich um eine fremde Niere zu bemühen? Oder liegen Ihre Gründe auf einer ganz anderen Ebene und folgen den Prinzipien, die Sie als christliches Denken und Handeln erfasst haben?

Meine Erfahrungen mit chronischen Krankheiten und Behinderungen machen mich misstrauisch gegenüber den von Ihnen und anderen unterstellten

Selbstheilungskräften. Wenn sie nicht vorhanden sind, wenn sie verbraucht sind, bleibt nur das Sterben – oder eben manche Maßnahme der Medizin. Ich betrachte solche medizinischen Notwendigkeiten eher als diplomatische Einwilligung, mit der ich mich an den hohen Preis erinnern kann, den mein Überleben gekostet hat. Die Gefahren und die Chancen, die ich durch die transplantierten Organe mit auf den Lebensweg bekommen habe, verdoppeln meine Verantwortung. Sie ist nicht mehr nur auf mich und mein Überleben beschränkt, sondern erweitert sich auf das meiner Spenderorgane in mir.

Ihre kritische Haltung zu Gesetzen lässt mich noch ein ganz anderes Thema ansprechen. Medizintechnik und Organspende sind in unserem Staat institutionalisiert. Sie unterliegen der Bürokratisierung, Mechanisierung, Ökonomisierung und Verrechtlichung. Welche Probleme sich aus dieser pragmatischen – und ideologischen – Einbindung ergeben, liegt auf der Hand. Zum einen befördert diese Einbindung unser Thema in den Bereich der Sozialethik, sprengt also den Horizont persönlicher Erfahrungen auf. Anscheinend sind noch ganz andere Aspekte als die des persönlichen Unbehagens bzw. Wohlempfindens zu diskutieren. Zum anderen schleichen sich in alle gutgemeinten Berechnungen Fehler ein, vor allem aber muss mit dem menschlichen Faktor als Impetus für manchen Skandal gerechnet werden. Die neuesten Nachrichten über

Manipulationen bei der Organverteilung belegen nichts weniger als den von Ihnen beklagten Menschenwillen zu Macht und Beherrschung. Alle „Zahlen und Fakten“, seien sie kritisch oder als Bestätigung verwendet, versachlichen die Problematik nur scheinbar. Eigentlich wird doch jede Diskussion unsachlich, die ausgerechnet die ethischen Grundentscheidungen ausklammert, die der Organspende und den sie „regelnden“ Gesetzen zugrundeliegen.

Liebe Frau Krahe,

indem wir versuchen, die Fragen, die die Medizintechnik uns aufgibt, im Rückblick auf die Bibel zu erörtern, sollte allerdings das Gespräch über die Bibel nicht das Übergewicht bekommen. Wir beide unterscheiden uns zwar darin nicht, die Bibel als ein Buch aufzufassen, als Literatur also, die wir mit allgemeinen, literarkritischen Mitteln erforschen, doch Sie gehen dabei mit einer anderen Blickrichtung vor als ich.

Sie beschreiben, wie die ca. 1000-jährige Entstehung der Bibel dazu geführt hat, dass verschiedene Zeiten verschiedene Menschen und Gottesbilder bedingten. Deswegen hängt es letztendlich beim Lesen der Bibel, so schreiben Sie, zu guten Teilen von mir und meinen Erfahrungen ab, welchen Aussagen und Vorstellungen in dem bunten Mosaik ich folge.

Dieser Ihrer Darstellung stimme ich voll zu. Doch nachdem wir wie bei einer archäologischen Grabung die Bibel von dem Schutt der jahrhundertelangen dogmatisch-verbindlichen Auslegung freigeräumt haben und die Gleichberechtigung der Gottesbilder betonen, rücke ich scheinbar im Widerspruch dazu gerade jene biblische Rede in den Vordergrund, die einzig und allein JHWH gelten lässt und keinen anderen Gott. Halten wir gleichzeitig daran fest, dass die Vielfalt der Gottesvorstellungen respektiert und bejaht wird, so meint die Rede von JHWH gerade nicht einen Absolutheitsanspruch des jüdischen Gottes, sondern es geht um den Versuch, sich vor allen Gottesvorstellungen solchen Erfahrungen mit Gott zu stellen, die schwer oder gar nicht mitteilbar sind. Es wird damit überhaupt jede Gottesvorstellung abgelehnt, ja vermieden, das Gemeinte mit Namen zu nennen.

Beim Lesen werden die vier Buchstaben JHWH immer durch ein anderes Wort ersetzt, also niemals ausgesprochen. Auch gibt es jene schönen Geschichten im Alten Testament, die dasselbe mit anderen Worten erzählen.

Wenn wir uns in unserem Gespräch also auf die Bibel beziehen, möchte ich dabei die Aufmerksamkeit gern auf solche Traditionen lenken, die diese schwer mitteilbaren, aber für lebenswichtig gehaltenen Erfahrungen enthalten. Es ist ja schon deutlich geworden, wie wir uns bei Dialyse und Transplantation in jenem Grenzbereich bewegen, wo Leben und Sterben unmittelbar miteinander zu tun haben und wo unsere Vorstellungen versagen. Wollen wir uns hier dennoch sprachlich bewegen und auseinandersetzen, kann der Seitenblick in die Bibel helfen, schwer Sagbares zu verdeutlichen. Wie Klavierspieler könnten wir so mit der rechten Hand das Thema direkt ausführen und mit der Linken gegebenenfalls die Begleitung aus der Bibel vertiefen.

Sie sind misstrauisch, wenn von Selbstheilungskräften die Rede ist. Andererseits sprechen Sie ganz selbstverständlich von Immunkraft und Immunabwehr, was doch dasselbe besagt. Freilich ist schon der Ausdruck „Selbstheilung“ unzutreffend, weil er unser individualistisches Denken zu der Vorstellung verführt, wir verfügten da im Sinne von do it yourself über eigene abrufbare Fähigkeiten. Gemeint sind eben vielmehr jene Erfahrungen, die wir alle erleben, aber nicht alle wirklich wahrnehmen, wenn unser Leib nach einer Infektion oder Verwundung ohne medizinisches Zutun heilt, angefangen beim Schnitt in den Finger bis zum grippalen Infekt, von dem man sagt, mit Medikamenten braucht die Gesundung 14 Tage, ohne Medikamente zwei Wochen. Der Leib „weiß“, was er zu tun hat, und tut es. Wir aber wissen nicht, wie das geschieht.

Natürlich zeigen uns die Mediziner die verschiedenen Blutkörperchen und ihre Funktionen und heute die Gene im Heilungs- bzw. Abstoßungsprozess, doch wie es zu diesem wunderbaren Zusammenwirken so vieler verschiedener Organismen kommt, entzieht sich jeder Vorstellung und darum auch sprachlicher Mitteilung. Andererseits sind wir unserer eigenen Erfahrungen mit dem Leib gewiss. Was wir erlebt haben, kann uns niemand nehmen; doch wir können diese Erfahrungen nicht willkürlich wiederholen. Darum kann Wissenschaft damit nichts anfangen. Sie akzeptiert nur wiederholbare Erfahrungen, in der Medizin noch dazu im Doppel-Blind-Versuch.

Ist man dessen gewahr, wie viel unser Leib „weiß“,

entscheidet und tut, ohne dass wir dies genau verstehen, beschreiben oder beweisen könnten, dann ist das Wunder umso größer, dem wir beide mittlerweile seit vielen Jahren das Leben verdanken. Obwohl der Leib mit der Unterdrückung der Immunkraft bildlich gesprochen so gefesselt wird, leistet er doch mit allen verbliebenen Kräften jenes ungeheuer komplexe Zusammenspiel, das wir Leben nennen. Und mein Körper erträgt es, dass mein Blut in der Dialyse dreimal in der Woche fünf Stunden lang immer wieder durch ein Plastikfiltersystem getrieben wird.

Natürlich kann der Körper das alles nur, weil und solange ich die Mindestbedingungen erfülle, die er dazu braucht. Sie haben das unter dem Stichwort „Compliance" ausführlich beschrieben. Merkwürdig ist es und doch auch bezeichnend, dass etwas so Einfaches wie die Partnerschaft mit dem Leib von der Transplantations-Medizin unter diesem schwer verständlichen Fremdwort verhandelt wird. Wir haben es hier wohl mit der Perspektive der Mediziner zu tun, also mit der Erwartung oder dem Wunsch, die Patientinnen und Patienten mögen sich in ihre Lage schicken, sie akzeptieren und entsprechend folgsam die Verordnungen und Verhaltensregeln der Ärzte anwenden. Das ist sicher richtig und gut; doch in dieser Vorstellung ist immer noch der Arzt sozusagen der Chef der Veranstaltung, der Patient empfängt die Anweisungen und der Körper muss alles aushalten. Es geht aber darum, die Verhältnisse umzudenken, also dass wir Patienten uns vom Körper leiten lassen und den Arzt als Ratgeber hinzuziehen.

Klar, die Heilungskräfte des Körpers sind begrenzt und, wie gesagt, davon abhängig, dass wir die Voraussetzungen schaffen bzw. erhalten, unter denen er dazu fähig ist. Die ökologische Krise, auf die wir global zutreiben, macht das im Hinblick auf alle Lebewesen bewusst wie nie zuvor. Wir Dialyse-Patienten und Transplantierten bilden da nur einen Sonderfall, weil unser Leib bereits an das Ende seiner Kraft oder Möglichkeiten gekommen war, seitdem aber mit dem Einsatz der medizinischen Technik doch eine Weile leben kann.

Es stellt sich die Frage: Veranlasst uns unsere erstaunliche Erfahrung, nun keine wesentliche Grenze mehr dafür zu sehen, dass man zukünftig mit technisch-maschinellen Anwendungen immer tiefer in den menschlichen Körper oder überhaupt in lebende Organismen eindringt, so dass diese letztlich selbst als Instrument zu verstehen sind?

Oder macht uns die Zwiesprache mit dem Körper bzw. mit dem fremden Organ gewiss, das wir es beim lebenden Organismus mit etwas ganz anderem zu tun haben, das instrumentell, technisch oder wissenschaftlich nicht fassbar ist, auch schwer benennbar, nichtsdestoweniger aber wirklich; so dass sich da eine unübersteigbare Grenze abzeichnet, die die Welt des Technischen vom Lebendigen trennt?

Könnten wir uns in diesem Fall eher dazu bereit

finden, gewissermaßen ganz grundsätzlich anthropologisch „Compliance“ zu üben, also den Tod nicht nur theoretisch als „Teil des Lebens“ zu sehen, sondern uns ständig darin zu üben, weniger auf technisch-instrumentelle Verheißungen zu setzen als vielmehr auf den lebendigen Leib in seiner Schwäche?

Lieber Herr Fincke,

mit Ihren letzten Fragen sprechen Sie einen heiklen Punkt an. In der Theorie muss wohl jede Theologin unserer Endlichkeit zustimmen und konsequenterweise in den eigenen Tod einwilligen, wenn er anklopft.

Alles fürs eigene Überleben zu tun, womöglich über die Leichen der anderen zu gehen, ist eine theologisch entschieden inkorrekte Haltung, nicht wahr? Viel würdiger wäre es, sich, wenn es ans Sterben geht, wie Erzvater und Erzmutter als lebenssatt zu erklären, im Kreise von Nachkommen willig auf die Reise ins Jenseits zu begeben, loszulassen und sich zu den Ahnen zu versammeln. Die Zeit, die mein Schöpfer mir zugemessen hat, ist vorüber. Also willige ich in mein Ende ein, statt mein Bleiben zu erzwingen. So haben wir Theologinnen es gelernt und verkündet. Unterschwellig, wenn auch selten klar ausgesprochen, habe ich von manchen Gegnern der Organspende meine „Inkonsequenz" als Vorwurf erlebt; eine Inkonsequenz, die theologische Haltungen unglaubwürdig zu machen scheint.

Das Sterben bleibt immer Theorie und lässt sich nicht proben. Was man einüben kann, womit man sich vertraut machen kann, ist lediglich der Gedanke an die eigene Sterblichkeit; ein Gedanke, der mit zunehmendem Alter hoffentlich – aber durchaus nicht zwingend! – an Realität gewinnt. Ich will nicht grundsätzlich bestreiten, dass manchen Menschen das gelingt, was mir mit meinen 30 Jahren noch nicht gelang: aus der „Weisheit", sterblich zu sein (vgl. Ps 90), die praktische Kraft zu schöpfen, in den Tod einzuwilligen. Ich habe das nicht geschafft. Als es ernst wurde mit dem Abschiednehmen vom Leben – konkret: in meiner Dialysezeit –, erwiesen sich die Theorien, die mir noch als Studentin widerstandslos über die Lippen gekommen waren, als nicht praktikabel. Ich musste lernen, dass in die Schwäche des Leibes, die auch Sie zu akzeptieren empfehlen, seine Weigerung, zu sterben, eingeschlossen war.

Das Problem ist nicht allein, den Tod theoretisch und praktisch als Teil des Lebens zu akzeptieren, wie Sie schreiben, sondern als Teil des Sterbens. Mit dreißig stirbt es sich schwer. Mein Körper war zu guten Teilen nicht tauglicher als ein Wrack. Trotzdem wehrte er sich gegen das Untergehen, und zwar mit massiven Symptomen, die ich Ihnen als Dialyse-Patient nicht erst beschreiben muss. Offenbar begriff er besser als mein theologisch geprägtes Bewusstsein, dass sein Tod zur Unzeit gekommen wäre. Oder wollte er meiner theologischen Theorie ein lebenspraktisches Schnippchen schlagen? Wollte er mit seinem Lebenshunger beweisen, dass theologische Einsichten sich weniger an abstrakten Wunschbildern vom Menschen bewähren als an konkreten Lebenssituationen der Einzelnen?

Heute wäre ich, glaube ich, bereiter als damals, zu sterben. Die vielen Jahre, die mir durch die fremden Organe geschenkt wurden, waren dieser Reifung dienlich. Ich kann mir inzwischen vorstellen, mich Erzmutter-gleich in die Versammlung meiner Ahnen zu begeben, nicht unbedingt sonderlich alt, aber mit Leben gesättigt. Erst die Tatsache, dass mir sozusagen ein zweites Leben geschenkt wurde, hat also zu meiner Bereitschaft beigetragen, mit weniger Widerstand in das Ende meines Lebens einzuwilligen, wann immer es erneut anklopfen wird. Ich gehe sogar noch einen Schritt weiter. Nach über 20 Jahren habe ich noch immer das tröstliche Gefühl, mein Spender sei mir nur einen winzigen Schritt vorangegangen und habe mir den Weg ins Jenseits bereits geebnet. Dieser kleine Schritt zwischen seinem Tod und meinem Leben gibt mir die Chance, schon hier und jetzt zu ahnen, wessen er durch sein Sterben gewiss wurde. Weil ich mit Körperteilen eines toten Menschen lebe, trage ich die Todesnähe sehr bewusst durch meine Tage.

Liebe Frau Krahe,

aus Ihrem letzten Brief spricht einmal mehr, wie sehr die Transplantation und die vielen Jahre des Lebens mit dem fremden Organ das Empfinden und Denken bewegen und wie wenig hilfreich sich die herkömmliche Theologie dabei erweist. Wenn man zum Beispiel ihre Rede hört, „der Tod sei Teil des Lebens", so kann man ihr das zunächst nicht verübeln, denn bis vor kurzem war eben die Grenze von Leben und Tod noch eindeutig, weil etwa ein Nierenversagen unweigerlich den Tod bedeutete. Wollten Theologie und Kirche unter diesen Umständen trösten, so ging es ja in der Tat darum, dieses schroffe Ende anzunehmen, nicht aber darum, zu einer „konsequenten Haltung" aufzufordern.

Aber es mutet eben oft an wie ein Verhängnis, dass sich uns Glaube und Theologie unversehens von partnerschaftlichem Trost und Einfühlung verkehren in Glaubensforderung, Theorie und Vorschrift von oben. Diese Theologie von oben nach unten, die Idealvorstellungen und Wunschbilder produziert und diese mit dem Anspruch auf absolute Wahrheit versieht mit Gott als Gesetzgeber und Richter, drängt sich immer wieder vor und legt sich aufs Gemüt.

Lebhaft schildern Sie, wie die unmittelbare körperliche Erfahrung solche Theologie als unpraktikabel erweist, ja zur Karikatur werden lässt. Es ist gut, wenn diese Theologie von oben zu Bruch geht. Sie ist ein Produkt von vielen hundert Jahren Theologie und Kirchengeschichte, u. a. eben mit der fortschreitenden Entfremdung von der Körperlichkeit. Zu der gehört es elementar, sich gegen das Untergehen zu wehren, nicht nur mit 30 Jahren, sondern, wie ich gerade in einem Krankenhausaufenthalt an mir erfahren habe, auch mit 77. Vielleicht gelingt es Transplantierten und Dialysepatienten eher, da sie auf das Überleben zurückgeworfen sind, wieder zu der Theologie zurückzufinden, die in der Bibel, besonders durch viele Psalmen, Propheten, aber auch Jesus, zur Sprache kommt – im Schrei nämlich, dem alle Theorie, alle Ideale, Normen und Rechtschaffenheit egal sind und auch alle Gottesvorstellungen. Dieser Schrei kann ja der Anfang einer Auseinandersetzung sein, die schließlich einwilligen lässt in das Ende, weniger jedoch kluge Einsicht. Das veranschaulichen Sie eindrucksvoll in den Sätzen über den winzigen Schritt, den Ihnen der Spender voraus ist.

Sehr mutig finde ich deswegen auch Ihre Sätze, mit denen Sie meinen Begriff der Beziehungsdummheit aufnehmen und kritisch auf Ihr Verhalten als Diabetikerin zurückblicken. In der Tat, je mehr wir in die Partnerschaft zum eigenen Körper hineinwachsen, umso freier macht uns das wunderbare Erlebnis seiner Geduld und Treue, Schwächen und Fehler einzugestehen.

Damit werden wir auch widerständiger im Umgang mit der von Ihnen angesprochenen, schier unvermeidlichen Verrechtlichung und Ökonomisierung der Medizin und speziell der Organtransplantation. Die auf diesem Feld Tätigen vermögen sich der Bürokratie, heute zudem computerisiert, kaum noch zu entziehen. Viel häufiger als nötig erscheinen dann Vorgänge einerseits als unabänderlich oder gesetzlich festgelegt, andererseits aber auch als gleichgültig und persönlich nicht zu verantworten.

Sie fragen, warum ich mich seinerzeit nicht um eine fremde Niere bemüht habe. Es war keine prinzipielle Entscheidung, sondern mehr ein Gemisch von Für und Wider, das zuletzt bei der Dialyse endete. Anders als Sie wusste ich 18 Jahre lang, dass diese eines Tages auf mich zukommen würde. Deswegen lebte ich „nierenbewusst“. Auch verdanke ich der klassisch-homöopathischen Behandlung sehr viel. Angesichts einer deutlich ausgeprägten Herzmuskelschwäche und der notwendigen vorherigen Entfernung mindestens einer Niere erschien mir das Risiko der Operation ziemlich groß. Jetzt ist es auch mein Alter, und nach und nach sind die genaueren Informationen über die mit der Transplantation verbundenen Probleme dazugekommen.

Lieber Herr Fincke,

Sie wollten überleben und haben sich für die Dialyse als diejenige Rettungsmaßnahme entschieden, die das geringste Risiko für Sie zu bergen versprach. Darin scheinen wir also übereinzustimmen. Auch ich wollte überleben – obwohl ich meine eigenen Kräfte selbst verwirtschaftet hatte. Deshalb habe ich zu dem letzten Strohhalm gegriffen, der mir mit der Transplantation einer Niere und einer Bauchspeicheldrüse angeboten wurde. Da mein Zustand sehr schlecht war, war das Risiko hoch, aber letztlich nicht höher als ein Abwarten an der Dialyse. Dass dieser Strohhalm mir den Zugang zu einer prall gefüllten Scheune Leben eröffnet hat, konnte zum Zeitpunkt meiner Entscheidung niemand wissen. Es hätte schiefgehen können. Garantiescheine werden in der Transplantationsmedizin nicht ausgestellt.

Dasselbe gilt natürlich auch für eine Dialyse-Behandlung. Bei Ihnen hätte diese Therapie nach kurzer Zeit auch fehlschlagen, bei mir womöglich länger zum Überleben helfen können, als prognostiziert worden war. Sicher war für uns beide nur: Keinerlei „künstliche" Lebensrettung zu versuchen hätte unseren Tod bedeutet.

Für den gesellschaftlichen Diskurs wäre es wichtig, zu betonen, dass ein bewusstes „Ja" zur Dialyse – auch ein „Nein" zu jeglicher medizinisch-technischen Behandlung! – auf einer bewussten, verantwortlichen Entscheidung beruht bzw. beruhen sollte. Ein hektischer Medizin-Betrieb, der in weiten Teilen immer noch von der Illusion der Machbarkeit – womöglich menschlicher Unsterblichkeit – ausgeht, beschneidet die Entscheidungsfreiheit erheblich, und manchmal habe ich den Eindruck, dass auch der gesellschaftliche Konsens die einzelnen Kranken, wenn sie in ihr Kranksein und -bleiben einwilligen, nur mit einem Kopfschütteln belohnt.

Unser beider Entscheidung scheint die jeweils richtige gewesen zu sein. Dafür spricht nicht nur unser langjähriges Weiterleben, sondern vor allem die erstaunliche Erfahrung, dass jedes dieser beiden therapeutischen Mittel unsere „Beziehungsklugheit" gegenüber dem eigenen Körper gefördert hat.

Mit einigem Aufatmen habe ich gelesen, wie Sie Ihr Verständnis vom Körper und von seinen eigenen Heilungskräften präzisiert haben. Ich hatte schon befürchtet, Ihre Einstellung könne eine Variante des allseits hoch gelobten „positiven Denkens" offenbaren, das mir ziemlich auf die Nerven geht; es ist sehr naiv, verortet jedoch vor allem die Schuld an allen negativen Entwicklungen im eigenen Verhalten derer, die angeblich nur zu negativ denken.

Wenn Sie nun ausdrücklich die Erfahrungen des eigenen Körpers als „schwach" einbeziehen und die Grenzen seiner Selbstheilungskräfte einräumen, bin ich sofort bei Ihnen. Unsere Potentiale von Vitalität, Selbstheilung, Widerstandskraft, Ehrlichkeit und

Willensstärke sind in der Tat alles andere als unerschöpflich. Ich möchte den Mangel an Klugheit, Willen und Ehrlichkeit ausdrücklich zu den Konstanten unserer Menschlichkeit rechnen, auf die Gefahr hin, mit solchen Attributen mein Menschenbild in Verruf zu bringen. Ist das vielleicht eine zu pessimistische Sicht auf das Ebenbild Gottes? Übertrage ich hier meine persönliche Unfähigkeit, die Zuckerkrankheit vernünftig zu behandeln, auf eine Kategorie des „Menschen an sich", der in Wirklichkeit weniger gierig, weniger abhängig und verlogen ist?

Eine diabetische Leidensgenossin hat über ihre destruktive Haltung gegenüber dieser chronischen Krankheit einmal treffend gesagt, sie wolle Diät halten, sie könne die Diät aber nicht halten, woraus nur der Schluss zu ziehen sei, dass sie nicht richtig wollen könne. Ich fühlte mich nicht nur an mich selbst als Diabetikerin erinnert, sondern auch an das Wort des Paulus aus Röm 7, das ich in freier Variation einmal so übersetzen möchte: Das Gute, das wir tun wollen, tun wir nicht, sondern das Böse, das wir um jeden Preis vermeiden wollen, reißt uns das Ruder aus der Hand. Für Paulus heißt diese Verlorenheit „Sünde". Allerdings bekennt sich zu dieser unrettbaren Verfallenheit einer, der sich längst aus dieser Lage gerettet weiß. Absurd? Nein, sondern das ist genau die Position innerer Freiheit, die Sie als mutig empfinden. Dass ich Fehler gemacht habe, kann ich umso besser gestehen, als ich ohne eigenes Zutun von den Lasten ihrer Folgen befreit wurde.

Ich räume gern ein, dass die Hartnäckigkeit, mit der mein Körper meiner Unvernunft ein Jahrzehnt lang getrotzt hat, vor allem aber seine Bereitschaft, sich durch die Arbeit der fremden Organe wieder beleben und motivieren zu lassen, nichts anderes als ein Symptom ungeheurer Ressourcen sind. Jenseits des medizinisch Mach- und Planbaren konnte mein Körper auf solche Vorgegebenheiten zurückgreifen und sich ihrer erinnern. Voraussetzung für die Chance, die eigenen Bedürfnisse wieder wahrzunehmen, waren jedoch nicht diese Anlagen allein. Sie ließen sich erst durch den Eingriff von außen, durch die Transplantation wieder ausgraben und wertschätzen.

Weil ich diese Vorgegebenheiten als unverfügbare Quellen dankbar angenommen und als Bonus geschätzt habe, den ich mir nicht erarbeitet hatte, würde ich keine prinzipielle Grenze zwischen erlaubten und unerlaubten Eingriffen in den menschlichen Organismus ziehen wollen. Ich hätte Bedenken, diese Grenzen zu eng zu ziehen, nur weil ich mir die Weite des Freiraums nicht vorstellen kann, die uns die geschöpflichen Vorgaben eröffnen. Das ist nicht ungefährlich, ich weiß. Es hört sich nach einem Freifahrtschein für jede Art Forschung an. Schon mehrfach haben Sie mit Recht darauf hingewiesen, dass wir das Zusammenspiel unserer körperlichen Kräfte, dieses Wunder der Schöpfung, noch lange nicht durchschauen. Darum ist Vorsicht geboten, wenn tödlich bedrohte Patienten vorschnell mit medizinischen Verheißungen bombardiert und – wahrscheinlich, jedoch nicht sicher – getäuscht werden. Aber schließen eine Unberechenbarkeit der Folgen und die Begrenzung unseres Wissens nicht auch ein, dass wir noch lange nicht alle Strohhalme kennen, die sich unerwartet als prall gefüllte Scheunen herausstellen? Sollte ich mein unwiederholbares Glück genießen, ohne an andere Patienten zu denken, denen diese Goldader unzugänglich gemacht wird?

Eine Grenze grundsätzlich anzuerkennen ist das eine, ihren Verlauf in ein Koordinatensystem einzutragen und konkret festzulegen, ist etwas anderes. Haben Sie eine Idee, wie hier welche Kriterien erarbeitet werden könnten?

Die Transplantationsmedizin selbst hat die Grenze beim Leben eines anderen gezogen, das ich mir nicht einfach einverleiben darf. Um diese juristisch bedeutsame Unterscheidung zwischen Leben und Tod treffen zu können, hat sie den Tod in Anschluss an eine im amerikanischen Harvard getroffene Definition des menschlichen Todes als „Hirntod" übernommen. Sie bewegt sich damit nach wie vor in einer Grauzone, die ganz selten von Medizinern eingestanden wird. Ich selbst frage mich fast jeden Morgen nach dem Aufwachen, wie tot ein

Mensch eigentlich gewesen sein kann, dessen Niere mein Blut seit über 20 Jahren filtert und dessen Bauchspeicheldrüse meinen Zuckerstoffwechsel regelt.

Liebe Frau Krahe,

aus der Zwiesprache mit dem eigenen Körper berichtend, haben Sie zuletzt so viele Bälle ins Spiel gebracht, dass ich nicht weiß, welchen ich zuerst auffangen soll. So halte ich mich einfach an den Schluss, wo Sie die Grenze ansprechen, die wir angesichts der technischen Medizin brauchen, aber nur schwer bestimmen können, weil es hier um die Grenze von Leben und Tod geht. Lange erschien sie eindeutig, ja scharf, doch mit den Möglichkeiten der modernen Medizin gibt es immer mehr Unsicherheiten. Sie fragen sich, wie tot ein Mensch eigentlich gewesen sein kann, dessen Niere und Bauchspeicheldrüse nun schon über 20 Jahre in einem anderen Menschen leben.

In der Frage meldet sich unser Empfinden, das davor zurückschreckt, in einen lebenden Körper einzuschneiden. Dieses Empfinden ist wohl sehr tief in der menschlichen Entwicklung verankert. Wir scheuen davor zurück, den anderen zu verletzen, ihm Schaden zuzufügen oder ihn gar zu töten, weil das böse Folgen für uns selbst haben wird, Gegenwehr, Rache, Sympathieverlust usw., und auch, weil wir ihm empathisch verbunden sind.

Dieses unser Empfinden lässt sich auch durch die Definition des so genannten Hirntods nicht beruhigen. Diese erlaubt es, einen Menschen für tot zu erklären, dessen Gehirn unumkehrbar ausgefallen ist, der übrige Organismus, der Leib, aber durch künstliche

Beatmung noch durchblutet wird. Damit ziehen Mediziner und Juristen eine gesetzliche Grenze, die dem alten Anspruch der Gesetzgebung genügt, das Leben des Einzelnen zu schützen. Weil aber Gesetze mit Zwang verbunden sind, kann man mit dieser Definition nur das Gröbste regeln. Immerhin wird die Organentnahme von der vorherigen Zustimmung des „Toten“ oder seiner Angehörigen abhängig gemacht.

Im Übrigen entsteht die von Ihnen benannte Grauzone, in der die Transplantationen stattfinden. Vielleicht können die chirurgisch tätigen Menschen diese Grauzone ertragen und jenes zurückscheuende Empfinden überwinden, weil in ihrer Wahrnehmung im Operationssaal ein hirntoter Körper sich wenig von einem narkotisierten Körper unterscheidet.

Wir „normalen“ Menschen gehen mit der Grauzone um, indem wir allem, was mit Verwundung und Blut zusammenhängt, aus dem Wege gehen. Da wir ohnehin aus Operationssälen ausgeschlossen werden, wollen wir es auch gar nicht so genau wissen. Folglich wird bei der Werbung für die Organspende die Sache mit dem Hirntod auch kaum benannt, und bisher war sie vielen, wohl gar den meisten, auch nicht bekannt, wenn sie einen Organspendeausweis unterschrieben. Jetzt ist das etwas anders, da die Transplantation durch einige Manipulationen bei der Organvergabe in die Diskussion geraten ist.

Wie aber können wir nun doch etwas mehr Konturen im Nebel der Grauzone erkennen, also neben jener gesetzlichen Grenze auch eine rechtliche bzw. menschliche bestimmen? Dass diese Grenze existiert, merken wir ja an der besagten Hemmung, andere zu verletzen oder gar zu töten. Sie ist, wie gesagt, wohl ein Erbe aus der Evolution, weil alles Leben auf Kooperation oder Zusammenhalt angewiesen ist, ganz besonders aber wir Menschen.

Sie haben das zuletzt überaus offen und ehrlich veranschaulicht, indem Sie davon erzählten, wie unser Körper, in sich eine phantastisch kooperative Einheit, der Unvernunft trotzt, ungeheure Ressourcen mobilisiert und sich sogar durch fremde Organe beleben und motivieren lässt, sich also als mein ungemein treuer, kooperativer Partner zeigt, freilich nicht uneigennützig; denn mein Untergang ist auch sein Untergang.

Gegenseitige Hilfe, Zusammenhalt oder Kooperation sind also nicht Tugenden oder Werte, die wir lernen oder unserem Körper wie einen Mantel überziehen, als wären sie eine geistige Ergänzung unserer leiblich-natürlichen Existenz, sondern alles Leben, auch unser Leib, ist Kooperation und hat davon seine Gestalt.

Sie überlegen, ob nicht irgendwelche Kriterien oder ein Koordinatensystem uns helfen könnten, jene rechtlich-menschliche Grenze genauer zu bestimmen. Sie fordern mich damit geradezu heraus, auf die Gestalt der menschlichen Hand zu verweisen, in der die Kooperation auf einzigartige Weise anschaubar ist. Wie ich an anderer Stelle ausführlich beschrieben habe, verkörpern die fünf Finger – jeder mit seiner Eigenart – die fünf Anliegen oder Notwendigkeiten, auf die es jedem Menschen ankommt, vor allem in der Beziehung oder Kooperation mit anderen. Es sind, beim Daumen angefangen, Freiheit – Wahrheit – Gerechtigkeit – Liebe – Leben.

In der Beziehung zu anderen Menschen können wir mit Hilfe dieser fünf Gesichtspunkte ziemlich leicht sichtbar machen, ob und wie wir einander gerecht werden und zum Leben verhelfen. Unsere leiblichen Bedürfnisse (Leben, kleiner Finger) wie Trinken, Essen, Schlafen usw., zu deren Erfüllung uns der Körper durch Durst, Hunger, Müdigkeit usw. nötigt, können wir letztlich nur in Gemeinschaft mit anderen Menschen befriedigen. Und diese Gemeinschaft oder Kooperation (Liebe, Ringfinger) gelingt nur, wenn auch die drei anderen beteiligt sind, Gerechtigkeit, Wahrheit und Freiheit. Alle fünf sind voneinander abhängig, widersprechen einander auch und sind doch auf das Innigste miteinander verbunden. Liebe und Wahrheit bzw. Offenheit wollen erwidert werden, das Verhältnis von Liebe und Freiheit ist ein ebenso berühmtes Thema wie das von Gerechtigkeit und Freiheit. Die Stellung der Fünf in der Hand spiegelt genau ihre Verhältnisse zueinander bis in alle Feinheiten.

Mit anderen Worten: Die Grenzen, die wir zu achten haben, weil sich in ihnen unser Leben verwirklicht, werden mit den fünf Grundbedingungen für eine gelingende Kooperation klar und verständlich angegeben.

Bei dem Versuch, dieses Handmodell nun auch für die Fragen heranzuziehen, die sich mit der Transplantation stellen, ist es mir seltsam ergangen. In der Beziehung zwischen Organspender und Empfänger konnte ich weder mit „Liebe" noch mit „Gerechtigkeit" oder „Freiheit" etwas Sinnmachendes formulieren. Ich sagte mir dann, das sei kein Wunder; denn jenes Handmodell ist ja dem Leben abgeschaut, wie es zwischen lebenden Wesen von Gegenseitigkeit abhängt. Von Gegenseitigkeit kann aber eben bei der Organverpflanzung keine Rede sein. Immerhin kann man sagen, dass die Zustimmung im Organspendeausweis ein Ausdruck von Liebe und Gerechtigkeit ist, aber, wie schon bemerkt, die Basis ist schmal, auf der diese Zustimmung zustande kommt. Jedoch ist da die Erfahrung, dass wie bei Ihnen so bei vielen Menschen das fremde Organ treu und langjährig seinen Dienst tut, und das in einem Leib, der selbst mit Medikamenten massiv gehindert wird, den Fremdling abzustoßen. Was steckt dahinter?

Ist also, wenn schon nicht auf der personalen Ebene, so doch auf der des Körpers bzw. der Organe, ganz viel Liebe im Spiel? „Vergeben" unsere und fremde Organe uns jene vielen Schädigungen, Vernachlässigungen und Behinderungen, damit das Leben weitergehen kann? Gibt das Handmodell uns also doch zu verstehen, wie das Leben lebt, nicht nur in der Gegenseitigkeit der Menschen, sondern auch der Organe?

Das Ganze würde bedeuten: Die Grenze im Bereich Transplantation, nach der wir fragen, ergibt sich daraus, dass es Leben nur als Kooperation in Gegenseitigkeit gibt. Nur Lebendes kann und wird sich mit Lebendem für ein gemeinsames Leben verbünden können. Konkret ist also Transplantation nur mit schon oder noch lebenden Organen möglich und dabei wird es bleiben. Leben ist weder machbar noch herstellbar.

Lieber Herr Fincke,

jetzt wird es spannend! Darf ich hier mal nachhaken? Ich bin nicht sicher, wie Sie ihre letzten Überlegungen verstanden wissen möchten. Wenn Sie den Schluss ziehen, dass eine Spende nur eine Spende von lebenden Organen sein kann: Meinen Sie dann auch konkret, dass Organverpflanzungen auf die „Lebendspenden" begrenzt werden sollten? Dann müsste unser Transplantationsgesetz massiv geändert und beschnitten werden, um die sogenannten „Leichenspenden" auszuschließen. Zurzeit sieht unsere Gesetzgebung neben der Übertragung von Organen hirntoter Menschen die Möglichkeit vor, einem Ehepartner oder einem Verwandten ersten und zweiten Grades zum Beispiel eine von zwei Nieren oder auch einen Teil der eigenen Leber zu spenden. Ein solcher Eingriff ist nicht ohne Risiko für die eigene Gesundheit, verursacht in der Regel aber nicht den Tod des Lebensspenders. Meinen Sie, dass nur solche Spenden innerhalb der moralisch akzeptablen Grenzen liegen?

Ihr Hinweis, dass nur Leben Leben geben könne, könnte auch anders gedeutet werden. Er brächte dann den vertrackten Widerspruch auf den Punkt, der durch die Hirntod-Definition entsteht: Einerseits können nur Organe, die vom Kreislauf noch nicht durch den Herztod abgeschnitten wurden, in einem fremden Organismus weiterleben, andererseits braucht gerade der Arzt, der den entsprechenden Eingriff vornimmt, Rechtssicherheit. Zur Transplantation werden also lebendige Organe von Toten benötigt! Juristische Kategorien definieren das medizinische Handeln als vertretbar, legen damit aber auch das medizinische Menschenbild fest, das uns als eine Art „Hirntier" zu betrachten scheint. Ich frage mich, wie weit die Theologie sich in solche eindeutige Uneindeutigkeiten verschleppen lassen muss. Warum bestehen wir auf der Wahrheit eines Umstands, der außerhalb menschlicher Erfahrungen den Tod „definiert"? Warum halten Theologie und Kirche, die an paradoxe Sätze gewöhnt sind, die uneindeutige Farbe der Grauzonen nicht einfach aus? Zur Transplantation benötigt man lebendige Organe von Menschen, deren Herz noch schlägt. Ich habe kein Problem mit diesem paradoxen Umstand. Ich habe meinen Organspender auf dessen halbem Weg zum Tod abgeholt. Der Weg war unumkehrbar. Genügt das nicht?

Eine ähnlich absurde Lage entsteht allerdings auch dann, wenn der Patient gar nicht für eine Organentnahme vorgesehen ist. Die Diagnose „Hirntod" gilt in jedem Fall als Indikation für den Abbruch der intensivmedizinischen Behandlung. Konkret: Wurde der Hirntod eines Menschen – durch eine Computer-Tomografie – festgestellt, wird die Beatmungsmaschine des Patienten abgestellt. Künstliche Beatmung, dieser große, intensivmedizinische

Fortschritt, mit dem vielen Patienten das Leben gerettet werden kann, birgt seit seinem Einsatz in den 1960er Jahren ein Dilemma: Wie lange sollten die „lebenden Leichen" eigentlich künstlich beatmet werden, wenn ihr Gehirn eine Rückkehr ins Leben nicht mehr ermöglichte? Wann durften die Maschinen endlich abgestellt werden und diese Körper ihren Herztod sterben? Es waren diese Fragen, die die Suche nach einem Kriterium dringlich machte, das Erlösung erlaubte, und es war die Hirntod-Definition, die damals im amerikanischen Harvard festgelegt wurde. Die Transplantationsmedizin hat den Hirntod also nicht erfunden. Sie hat sich etwas zunutze gemacht, das das Sterben erleichtern sollte, und ja, sie hat es getan, weil sie Leben erhalten wollte.

Dass man durch die Übertragung von Organen Leben herstellen könnte, wäre ohnehin eine Illusion, ebenso irrig wie die Vorstellung, mit Transplantationen könne man der menschlichen Unsterblichkeit näher kommen. Was durch ein Spenderorgan erreicht werden kann, ist ein Aufschub des Sterbens, mehr nicht. Das „angeknüpfte Leben" wird mit beinahe jedem Atemzug des Immunsupprimierten Patienten bedroht, da überall Viren und Bakterien in der Luft liegen, die uns Transplantierten den Tod bringen können.

Sie ahnen, dass ich Ihrer Ansicht, es könne sich bei der Organspende um keine personale Beziehung handeln, energisch widersprechen muss. Die intimste körperliche Verbindung, die man sich vorstellen kann, ist selbstverständlich auch eine Verbindung von Personen. Alles andere wäre eine Degradierung, ja eine Art Liebesentzug.

Wie ich schon zu Beginn unseres Gesprächs zu erklären versuchte, ist ein Spenderorgan kein seelenloses Ersatzteil. Es bleibt auf Zuwendung angewiesen und repräsentiert den gestorbenen Spender. Um es mal auf der biologischen Ebene zum Ausdruck zu bringen: Wir wissen, dass eine einzige Zelle das gesamte Erbgut eines Menschen enthält. Könnten Millionen Zellen meines Spenders, die in meinen Bauch gepflanzt wurden, nicht auch seine Personalität in mich transportiert haben?

Mit dem Handmodell kennen Sie sich zwar hundert Mal besser aus als ich, aber die Idee, dass sich die Angewiesenheit allen Lebens auf Kooperation auch in dem Zusammenspiel von Organen spiegelt, finde ich einleuchtend. Im Bild von der Gemeinde als Leib, das Paulus in 1 Kor 12 überliefert hat, findet sich ein ganz ähnlicher, wenn nicht derselbe Gedanke.

Warum jedoch trauen Sie allein unseren Körpern zu, dass sie uns unsere Vernachlässigungen vergeben? Muss es „Natur" sein, die Leben schaffen, erhalten und bewahren will? Ich möchte an dieser Stelle doch einmal Gott ins Spiel der verschiedenen Deutungsmöglichkeiten bringen. Ich glaube an einen vergebenden Gott. Er hat einen verletzlichen und nachtragenden Körper geschaffen – und drückt ein Auge zu, wo ich die klugen Mechanismen zu überlisten versuche, um ihm noch mehr Chancen des Überlebens zu verschaffen. Halten Sie das für eine Grenzüberschreitung, eine Übertretung der Schöpfungsordnung?

Von den fünf Grundbedingungen der Kooperation, die Sie aufgezählt haben, reizt der Begriff „Gerechtigkeit" mich am meisten zum Widerspruch. Die Transplantationsmedizin gerät immer dann ins Gerede, wenn der Verdacht aufkommt, es gehe dort nicht gerecht zu. Wenn zum Beispiel, wie jüngst gemeldet, die Daten manipuliert werden, die für eine gerechte Verteilung der Organe sorgen sollen, erhebt sich sofort großes Geschrei: „Das ist ungerecht!", heißt es dann. Ist es auch ungerecht, dass der eine Mensch eine seltenere Blutgruppe als der andere hat und deshalb länger auf der Warteliste steht? Ist es gerecht, einem Patienten, bei dem ein Spenderorgan bereits mehrfach abgestoßen wurde, eine vierte Chance zu geben – wenn die Aussicht auf einen Transplantations-Erfolg bei diesem Kandidaten doch ganz fraglich und bei einem anderen vielleicht weit höher ist? Ist es gerecht, wenn Menschen einen Umzug nach Deutschland in Kauf nehmen, weil sie nur hier einen Platz an der Dialyse erhalten – obgleich sie nie in deutsche Kranken- und Rentenversicherungen eingezahlt haben?

Ich fürchte, die Kategorie der Gerechtigkeit ist in Fragen von hochtechnisierter Medizin völlig ungeeignet, jedenfalls wenn wir sie im populären, profanen Sinne interpretieren. In puncto Organspende könnte die allzu laute Forderung nach „Gerechtigkeit" darin gipfeln, dass nur gute Menschen – oder nur solche, die bestimmte, von Medizin und Politik verordnete Bedingungen erfüllen – das Recht auf Organe erhalten; und solche Restriktionen „im Namen der Gerechtigkeit" fände ich unerträglich.

Es stimmt, dass wir Menschen das Bedürfnis nach Gerechtigkeit haben. Wer wollte das bestreiten? Manchmal steht dieses Wort allerdings für ein ganz anderes Bedürfnis, nämlich das nach Kontrolle und Beherrschbarkeit. Organspenden jedoch sind in viel größerem Ausmaß dem Zufall ausgeliefert, als man wahrhaben will. Gerade das scheinen die meisten Zeitgenossinnen nur widerwillig zu ertragen.

Liebe Frau Krahe,

natürlich gehe ich nicht anders als Sie davon aus, dass sowohl „Leichenspenden" wie „Lebendspenden" möglich und bereits gängige Praxis sind. Es geht hier nicht um Erlauben oder Verbieten, weder durch Gesetz noch unter Berufung auf eine Moral oder auf Gott. Letzteres, eine Theologie oder Kirche als moralisch wertende, be- und gar verurteilende Instanz will sich immer wieder in unser Gespräch einschleichen. Wir wollen das Verbieten doch den Juristen überlassen, d.h. dem Staat, dem wir wenigstens bei uns so weit vertrauen können, dass er mit seinen Gesetzen das Leben schützt, in den Grenzen seiner Möglichkeiten.

Das Problem ist doch, dass die biotechnische Medizin – wie überhaupt die Biologie – jenseits dieser Grenzen unversehens Räume öffnet, für die uns rechtsstaatlich verwöhnte Menschen die Orientierung fehlt. Die Hirntod-Definition lässt uns in den Paradoxien der besagten Grauzone allein und das Geländer der Gesetze ist auch nicht mehr da. Da Sie so sachverständig und ausführlich erörtern, wie widersinnig oder paradox es in jener Grauzone zugeht, kann ich nicht ganz glauben, dass Sie „damit kein Problem haben".

Wenn ich Sie bisher richtig verstanden habe, ist Ihr Rat, die Paradoxien „einfach auszuhalten", nicht einmal das Wesentliche. Vielmehr löst sich für Sie die

Paradoxie auf, weil Sie das Gespräch mit dem fremden Organ bzw. mit dem „Spender" suchen.

In der Tat ist dies auch mein Vorschlag, wenn es gilt, sich in dem Raum zurechtzufinden, in den Medizin und Justiz die Kranken führen, dann aber weitgehend sprachlos allein lassen. Sie kennen die Sprachlosigkeit, in der viele Dialyse-Patienten ihr doch so kostbares zweites Leben mit Fernsehen verbringen.

Das Leben ist Gespräch, ist Begegnung, und die Theologie sollte diese schon von dem großen jüdischen Philosophen und Theologen Martin Buber im Umgang mit der Bibel gewonnene und formulierte Einsicht aufnehmen und aktualisieren. Ob wir dabei die Organe im Gespräch sehen oder nur Personen oder Körperzellen, ist dabei zweitrangig. Es handelt sich um Vorstellungen, die wir uns von einem Bereich machen, den wir nur erahnen. Wichtig dagegen ist es, uns von der technisch-individualistischen Sichtweise zu lösen, weil die eben immer weiter ins Einzelne, nicht mehr Teilbare vorzustoßen sucht, da sie dort eine „Ursache" vermutet. Dagegen scheint das Entscheidende, der Ursprung von allem, wirklich ein Sprung zu sein, eine Bewegung hin und her zwischen mehreren Beteiligten, ohne sagen zu können, wer angefangen hat.

Damit sind wir wieder in jener Grauzone bei der Frage, wie das Leben in diesem „Zwischen" lebt, mit anderen Worten, ob und wie Glaube und Theologie hier etwas beizutragen haben. Meine Antwort ist „ja“, weil sich jenes besagte Handmodell eben in der Bibel findet und dort wohl sogar das zentrale Denkmuster zu sein scheint, wie der psychosoziale Philosoph Erich Fromm gezeigt hat.

Wir Menschen können uns in dieser Grauzone mit ihren Widersprüchen zurechtfinden und mit ihnen leben, weil wir jene fünf Bedürfnisse Freiheit – Wahrheit – Gerechtigkeit – Liebe – Leben zu handhaben verstehen, wie ein Jongleur, der fünf Bälle gleichzeitig in der Luft hält. Sie spielen zusammen wie die fünf Finger in unserer Hand.

Wenn Sie nun den Begriff „Gerechtigkeit“ herausnehmen, weil er Sie zum Widerspruch reizt, stürzt uns das genau wieder in jene juristisch-theologische Vorstellungswelt, in der wir uns überfordert fühlen oder eben die Menschlichkeit auf der Strecke bleibt, wie Sie zuletzt anschaulich schildern. Gerechtigkeit – das ist der Witz des Handmodells oder, genauer gesagt, seine „Quintessenz“ – ist die Verbindung von Liebe, Wahrheit, Lebenserhaltung und Freiheit. Dasselbe gilt für die anderen vier Begriffe, abstrakt gesagt. Konkret kommt das zum Ausdruck, wenn wir sagen, man will dem Anderen „gerecht werden“ oder wenn die Juden von einem „Gerechten“, einem Zadik, sprechen, weil Lebensrettung, Liebe, Wahrheit und Freiheit in ihm im Gespräch zu sein scheinen.

Leider wird das in Kirche und Theologie heute kaum gesehen, die Bibel immer noch mehr oder weniger als Norm verstanden, d. h. moralisch oder gar juristisch, was andererseits wieder nicht überzeugt und deswegen zur Entfremdung führt.

Lieber Herr Fincke,

ich freue mich, in Ihren Zeilen der Gedankenwelt von Martin Buber wiederzubegegnen. Der jüdische Philosoph und sein „dialogisches Prinzip" haben mich seit meinem Studium begleitet und möglicherweise tiefer beeinflusst, als mir bewusst ist. Wenn ich es recht überlege, so hat mir die Idee jenes „Zwischenraums" zwischen Ich und Du vielleicht sogar zu meiner persönlichen Haltung gegenüber meinen Spenderorganen verholfen – obgleich ihr Urheber selbst nicht im Traum an diese Möglichkeit gedacht hat!

„Ich und Du": Die Begegnung der beiden Pole führt nie zur gegenseitigen Vereinnahmung. Es ist mir immer wichtig gewesen, dem Fremden unter meiner Bauchhaut seine Fremdheit zu lassen. Spender und Empfängerin berühren und bewegen einander, senden Signale, vereinnahmen sich jedoch nicht. Für die Organempfänger heißt das, dass sie den Bedürfnissen des fremden Bewohners entgegenkommen, indem sie sich zum Beispiel auf gewisse körperliche Veränderungen einlassen, die nach einer Transplantation auftreten und die nicht immer angenehm sind. Der Pulsschlag des fremden Herzens ist schneller als der, der mir vom eigenen Organ vertraut war. Die Niere arbeitet fleißiger und in einem Rhythmus, der womöglich meine Nachtruhe stört. Ich hatte sogar das seltsame Empfinden, meinen Hunger auf deftige Speisen dem Geschmack meines Spenders zu verdanken, war ich doch bis zum Zeitpunkt meiner Transplantation eher auf Süßigkeiten versessen gewesen.

Die Begegnung mit dem Fremden kann unter Umständen zu einer regelrechten Identitätskrise der Organempfänger beitragen. Sie schauen in den Spiegel und erkennen ihr Gesicht kaum wieder. Plötzlich trägt der Fremde die Maske eines Feindes und stellt mein Selbstbild in Frage, meine Weltanschauung, zerstört meine Jugendträume, indem er mir Verzicht diktiert oder mich in Gefahrenzonen hinüberzieht, die ich lieber vermieden hätte. Was, wenn meinem Lebenspartner auffällt, dass ich sogar meinen Charakter verändert habe? Was, wenn ich früher viel netter und freundlicher auftrat als mit „dem fremden Teufel im Leib" (Zitat einer Mitpatientin)?

Letzteres wäre gerade nicht im Sinne des dialogischen Prinzips. Martin Bubers „Zwischen" steckt der gegenseitigen Beeinflussung eine Grenze ab. Wo Ich und Du einander begegnen, saugen sie sich nicht auf. Es entsteht eine Sphäre, in der ich Ich bleibe und das Du Du sein lasse. Es geht weder darum, sich zu vereinnahmen, noch einander zu bekämpfen. Es geht darum, miteinander zu leben, selbst wenn der/die Andere Ecken, Stachel und Kanten hat, die mir hier und da weh tun.

Die Medizin hat keine Sprache für solche Vorgänge, die ich nicht zögere, geheimnisvoll zu nennen. Sie deutet sie mit den Kategorien „Stoffwechsel-Veränderungen", „hormonelle Schwankungen", „Nebenwirkungen der Medikamente", „psychische Anpassungen". Dass dahinter bzw. darunter ganz andere „Ursprünge" stattfinden, charakterisiert – bestenfalls – den Tiefblick von TheologInnen. Martin Buber seinerseits ist ganz tief in eine sehr eigene, sehr eigentümliche Begrifflichkeit eingetaucht, die es Nichteingeweihten allerdings nicht unbedingt erleichtert, die Beziehung von „Ich und Du" nachzuvollziehen. Ist das der wunde Punkt jedes Geheimnisses? Im Grundsatz scheint es unkommunizierbar. Wenn ich selbst mich verständlich machen will, greife ich am liebsten zur Poesie und sage zum Beispiel, der Fremde liege mir im Blut, im Magen, in den Haaren, er schaue mir aus den Augen usw. Auf viele Menschen wirkt diese Ausdrucksweise befremdlich, ja unheimlich.

Mit dem Stichwort „unheimlich" kehre ich zum Thema Hirntod zurück. Sie glauben mir nicht, dass diese – juristische und medizinische – Definition mir kein Problem bereitet. In der Hoffnung, mich dadurch glaubwürdiger zu machen, präzisiere ich: Weil ich Ihre Hintergründe kenne, kann ich diese künstliche Festlegung des Todes akzeptieren, ohne auch die Lebensreste meines Spenders als tot empfinden und bezeichnen zu müssen. Der Widerspruch liegt im Unterschied der Bezugsrahmen – hier ein juristischer, dort ein existentieller – und der ihnen zugemessenen Sprachen. Solange wir diese Sprachen und Bezugssysteme nicht vermischen, bleiben doch einige Konturen in der Grauzone erkennbar.

Und doch gestehe ich Ihnen zu, dass in dem Moment, da ich meinen Blickwinkel aus der eigenen Person in die der Angehörigen verlagere, auch für mich ein Problem entsteht. Kurz gesagt: Ich bin unbesorgt, was den Spender selbst betrifft. Um das Stichwort von der Gerechtigkeit in Ihrem Sinne aufzunehmen: Ich behaupte, dass ich diesem Menschen und seinen Lebensresten gerecht geworden bin. Aber was ist mit seinen Angehörigen? Denen, die einen beatmeten Körper als toten Menschen begreifen müssen und auf den wünschenswerten Abschied von diesem geliebten Menschen verzichten, bin ich nicht gerecht geworden. Für sie behält der Hirntod seine Unbegreiflichkeit und Anstößigkeit. Etwas anders liegt diese Problematik, falls der Spender selbst seine Bereitschaft zur Organspende dokumentiert hat oder wenn er im Familienkreis unmissverständlich seine positive Einstellung geäußert hat. Gerade das ist bekanntlich relativ selten der Fall, wie auch Sie bereits zu Recht eingewendet haben.

Was diese Seite der Medaille angeht, muss ich die Paradoxie aushalten. Ich kann nicht sicher sein, dass es jenen Angehörigen ein Trost wäre, zu wissen, dass ich mit Niere und Bauchspeicheldrüse ihres Toten im Gespräch bleibe. Was würden sie gar denken, wenn ich sie träfe, um ihnen im Brustton dankbarer Überzeugung mitzuteilen, aus meinen blinden Augen schaue ihr Toter sie an?

Dass ich solche Aporien aushalten kann, hat mit meinem Glauben und meiner Gottesvorstellung zu tun. Ich sehe Gott so wenig wie Sie als moralische oder als juristische Kontrollinstanz an, aber ich habe keine Scheu, das Wort „Schuld" in Bezug auf mein Gottesverhältnis in den Mund zu nehmen. Ich bin anderen Menschen, anderen Bedürfnissen, somit auch Gott nicht gerecht geworden und bleibe ihnen etwas schuldig. Könnte ich das so freimütig formulieren, wenn ich mir nicht eines Gottes bewusst wäre, der in erster Linie freispricht und versöhnt?

Liebe Frau Krahe,

es zeichnet Sie aus, dass Sie im Gespräch – und wahrscheinlich auch in Ihren Vorträgen – die ganze Angelegenheit der Dialyse und der Transplantation so klar und genau wie möglich schildern, mit schonungsloser Offenheit sozusagen. Damit wollen Sie beitragen zu einer ehrlichen Auseinandersetzung angesichts der allgemeinen Neigung bei uns, alles gar nicht so gerne wissen zu wollen, andererseits aber dann doch, wenn es dahin kommt, von den Medizinern Wunder zu erhoffen. Sie machen deutlich, welchen Preis man zu zahlen hat für die Lebensrettung durch die moderne technische Medizin.

Auch wenn Sie dann so anschaulich die Beziehung zu „dem Fremden" unter der Bauchdecke beschreiben und obwohl Sie dabei „am liebsten zur Poesie greifen", kann es einem „unheimlich" werden, wie Sie selbst schreiben. Dabei geben Sie zu verstehen, dass diese Kommunikation mit dem Fremden für Sie etwas Tröstliches hat, und das ist ganz wichtig. Sie beziehen sich dafür auf Martin Buber, auf die Begegnung in seinem Sinne, in der ich Ich bleibe und das Du ein Du. Und doch, besteht da nicht ein wichtiger Unterschied? Bubers Ich-Du-Beziehung geschieht in Freiheit. Man kann sich auch trennen. Das ist bei der Transplantation nicht gegeben. Hier ist alles Zwang. Der Mensch will leben und nur unter dem Zwang der Medikamente tun die Organe ihren Dienst.

Gleichzeitig wird dieses „zweite Leben" nur möglich unter dem enormen Aufwand, den die technische Medizin erfordert. Erst recht die Dialyse kann nur in reichen Gesellschaften bezahlt werden, die das Geld auf dem Wege über Umlagen und Versicherungen aufbringen.

Unter solchen Umständen und Zwängen können wir nicht heimisch werden. Wie Sie zuletzt andeuten, bleiben Fragen unbeantwortet, Zweifel und Schuldgefühle, kurz, das Unheimliche löst sich nicht auf bei allem guten Willen, der Situation gerecht zu werden.

Doch die Nierenkranken sind mit dieser Unheimlichkeit nicht allein. Wenn sie unter großem finanziellem Aufwand alle zwei Tage stundenlang mit einer Maschine verbunden werden oder ständig um das Leben des fremden Organs in ihrem Leib bangen, erfahren sie sehr unmittelbar und körperlich Grenzen, auf die unsere ganze Kultur inzwischen zugeht. Wie in einem Brennpunkt erleben die Nierenkranken, was der ganzen Gesellschaft bevorsteht, da sie vor allem in den letzten 100 Jahren in immer steigendem Tempo Mensch und Natur ausbeutet. Schon jetzt entstehen in vielen Ländern, erst recht aber für die Generationen nach uns, riesige Lasten, die die Handlungsfreiheit sehr einschränken und begrenzen werden.

Angesichts solcher Grenzen stellen sich die Fragen der Gerechtigkeit dringender, es quält das Bewusstsein, auf Kosten oder zu Lasten anderer zu leben und nicht anders zu können. Im Grunde bedrängen solche

Schuldgefühle und Versuche, alles doch irgendwie zu rechtfertigen, schon jetzt die Gemüter. Noch aber kann man sich daraus flüchten in die Verdrängung, ins Vergessen oder in Illusionen. Und in den Glauben.

Wenn wir nun fragen, was es denn unter diesen Umständen eigentlich mit der christlichen Verkündigung auf sich hat, hört und liest man überall in den Kirchen von Gott, der uns liebt, freispricht und vergibt. Das ist nicht verkehrt und ist doch unerträglich. Denn wenn Gott mit seiner Vergebung sozusagen den Schaden ausgleicht, den wir dauernd anrichten, handelt er wie die Ehefrau eines Alkoholikers. Aus Liebe vergibt sie ihm immer wieder, erträgt seine Sucht, so dass er beibehalten kann, woran sie dann wahrscheinlich beide zugrunde gehen. Wie ist es zu dieser Rede von der Liebe bzw. Vergebung Gottes gekommen?

Die christliche Theologie, zumindest der letzten Jahrzehnte, hat nicht aufgepasst und Gott zum Beruhigungsmittel werden lassen bzw. zum Schlafmittel, so dass alles so weitergeht, obwohl man inzwischen allgemein weiß, dass es verkehrt ist. Zunächst gründet jene Rede von Gott, der liebt und vergibt, wohl in dem Bemühen, den von oben nach unten strafenden Herrn und Richter loszuwerden, der durch die Jahrhunderte den Menschen aufgedrückt wurde. Doch unversehens kommt damit nun die Liebe Gottes von oben nach unten, so dass man von ihr ohne Gegenleistung Gebrauch machen kann und soll. Das passt nun gar nicht zur Liebe. Etwas Entscheidendes fehlt, die Gegenseitigkeit.

Ob wir uns nun an Martin Bubers Ich-Du-Beziehung halten oder an die eigene Erfahrung, Liebe ohne Gegenliebe ist höchstens tragisch. Liebe will erwidert werden. So ist es auch am Handmodell ablesbar. Alle fünf Grundbedürfnisse verwirklichen sich in Gegenseitigkeit. Bei Martin Luther sind Vergebung und Buße, d. h. Umkehr, eine Einheit. So schildert es auch die Bibel. Wem vergeben wird, der wendet sich ab vom bisherigen Weg. Gottes Liebe weckt die Liebe zu Gott und zu allem, was er geschaffen hat. Das so genannte Liebesgebot meint ja, dass wir Gott lieben und den Nächsten wie uns selbst, und ebenso ist 1 Korinther 13 nicht davon die Rede, dass wir geliebt werden, sondern dass wir lieben.

Diese Liebe, mit der wir Gott lieben, d. h. alles, was uns leben lässt, ist, glaube ich, das Einzige, was uns wirklich helfen kann. Wenn wir jetzt immer deutlicher mit dem ganzen wissenschaftlich-technischen Fortschritt an Grenzen stoßen, bei denen es um Leben und Tod geht, sehe ich nichts anderes. Mit anderen Worten: Vieles mag technisch möglich werden und unsere Rechtsordnung mag uns dazu berechtigen, doch wir bringen es nicht übers Herz und lassen es deswegen sein.

Ich wende mich also gegen die Vorstellung, wir könnten oder sollten die Theologie dem allgemeinen wissenschaftlichen Fortschritt entsprechend weiterentwickeln. Sie benötigt keine neuen oder erweiterten Kenntnisse. Vielmehr kann man Theologie und Kirche heute weithin mit Reisenden vergleichen, die in ihrer Angst und Hast, den Anschluss zu verpassen, etwas Wichtiges aus ihrem Gepäck verloren haben. Im Bild des Handmodells gesprochen, ist uns der Ringfinger abhandengekommen, so dass ein Übergewicht der berechnenden Intelligenz entstanden ist, bei dem uns unheimlich wird.

Was heißt das nun konkret für den Umgang mit Dialyse und Transplantation? Ich gebe zu, dass ich mich für eine Antwort als Anfänger fühle. Es könnte sein, dass wir, wenn wir mit mehr Liebe in die Beziehung zum eigenen Leib eintreten, d. h. zu dem, was uns da leben lässt, hilfreiche Antwort bekommen.

Was die Beziehung zu anderen Menschen angeht, hilft uns die Liebe vielleicht, die Geltung jenes bekannten Satzes in Frage zu stellen, den Sie neulich angeführt haben – der Mensch sei dem Menschen ein Wolf. So plausibel das erscheint, wir wissen inzwischen doch, dass gerade die Wölfe sehr liebevoll miteinander umgehen. Zu erinnern ist auch an jene Legende, wie Franziskus von Assisi den bösen Wolf zum Freund machen konnte. Ihm wird auch das Gebet zugeschrieben, in dem es heißt: „nicht dass ich geliebt werde, sondern dass ich liebe".

Lieber Herr Fincke,

ich fürchte, in diesem einen Punkt werden wir nie auf einen gemeinsamen Nenner kommen: Sie nehmen die Transplantation als reinen Zwang wahr, ich dagegen empfinde sie als eine Möglichkeit, eine befreiende Chance. Dass solche einschneidenden Eingriffe in Körper und Seele heute unter den irreführenden Begriff der „medizinischen Routine" gefasst werden, sollte uns allerdings nicht von den beiden Grundsätzen ablenken, die diese Möglichkeit ins Auge zu fassen erlauben und gleichzeitig begrenzen: Erstens als Mittel der letzten Wahl zur Lebenserhaltung, zweitens als erhebliche Verbesserung der Lebensqualität eines sehr kranken Menschen. Beide Optionen können auch abgelehnt werden. Niemand kann zum Leben gezwungen werden, aber zum Sterben sind wir aus biologischen Gründen alle gezwungen.

Trotz meiner Entscheidung sehe ich auch eine andere Seite. Ich scheine unsere menschlichen Zwänge und Freiheiten also anders verteilt zu sehen als Sie. Dabei möchte ich aber klarstellen, dass auch ich um etwas weiß, was ich als eine Art Zwang empfinde und nicht akzeptiere: Ich nenne es den gesellschaftlichen Zeitgeist, der uns Patienten die Unterordnung unter medizinische Mechanismen diktieren möchte. Es stimmt schon: Nein zu einer gespendeten Niere oder einem „neuen" Herzen zu sagen, „wo so etwas heutzutage doch schon Routine ist“, erfordert ein Selbstbewusstsein, eine feste Überzeugung und Stärke, die den „Neinsager“ entweder mit der Aura einer Heldin umstrahlt – oder ihm eine Narrenkappe verpasst. Zumindest gilt das Nein zu diagnostischen und therapeutischen Maßnahmen als politisch inkorrekt, wenn nicht gar als „undankbar“. Diese Entwicklung offenbart eine kollektive Hörigkeit gegenüber fragwürdigen Autoritäten. Sie darf auf keinen Fall vorangetrieben werden. Wer das Organ eines Verstorbenen ablehnt, wer eine Chemotherapie gegen seinen Krebs nicht möchte, wer die zehnte Röntgenkontrolle seines schlecht verheilten Knochenbruchs verweigert oder mit einer angeblich vergrößerten Schilddrüse gut leben zu können versichert, muss mit diesen Entscheidungen ernst genommen werden, ohne medizinische, gesellschaftliche oder psychologisch-moralische Sanktionen befürchten zu müssen. Nur dann bleibt auch die freie Entscheidung für ein Spenderorgan wirklich frei.

Gerade überfällt mich eine Frage, die um die Grenzen der zu entgrenzenden Entscheidungsfreiheit kreist. Niemand käme so schnell auf die Idee, die Ablehnung eines Spenderorgans als suizidalen Akt zu werten. Aber wie ist das bei der Verweigerung einer Behandlung an der Dialyse? Verübt ein lungenkranker Patient, der sich eines Abends nicht mehr an sein Sauerstoff-Gerät anschließt, Selbstmord, oder willigt er in das Sterben ein, das vor wenigen Jahren nicht nur beschlossene Sache gewesen wäre, sondern längst Realität? Möglicherweise müssen sogar Versicherungs-Gutachter sich mit diesem Problem herumschlagen. Aber in unserem Gespräch interessiert mich Ihre Position als Seelsorger. Würden Sie die Einwilligung ins Sterben mittragen oder würden Sie sich bemühen, einem Patienten ein Leben schmackhaft zu machen, das er selbst nicht mehr lebenswert findet? Vielleicht haben Sie sogar in Ihrer Dialyse-Station einmal miterlebt, dass ein Patient, der nicht zur Blutwäsche erschien, mit Feuerwehr und Notarzt zu seinem Apparat transportiert wurde, obwohl er beim Eintreffen der „Ordnungshüter" den Wunsch geäußert hatte, lieber zu sterben. Mediziner und Sanitäterinnen könnten doch auch in einem solchen Fall darauf verzichten, den – Suizidanten? – zum Weiterleben zu zwingen. In aller Regel werden sie das nicht tun, sondern sich auf ihren hippokratischen Eid berufen und ein Leben retten, das gar nicht gerettet werden will.

Der medizinische Fortschritt provoziert also eine Reihe von ziemlich neuartigen, ethischen Fragestellungen. Zum einen werden sozialethische Fässer ohne Boden angestochen, wie Sie sie unter dem Stichwort „Gerechtigkeit" aufzählen; es sind Verteilungs-Probleme, die durch die Begrenztheit aller Ressourcen entstehen, auch der medizinischen

Kapazitäten einer medizinisch verwöhnten Gesellschaft. Zum anderen reichen auch die bislang gültigen, individualethischen Fragestellungen an den Horizont, den uns die neuen Möglichkeiten und Denkbarkeiten eröffnen, nicht mehr heran. Wir scheinen den Boden unter den Füßen zu verlieren, und diese Bedrohung ist, da sind wir uns einig, unheimlich. Aber gibt es keinen Weg, uns das unbekannte Terrain vertraut zu machen? Wäre es nicht eine Bankrott-Erklärung der Theologie, den Kopf in den Sand zu stecken und gleichzeitig darüber zu klagen, dass wir alle ersticken müssen?

Ihre Meinung, die Theologie könne darauf verzichten, sich parallel zum Fortschritt weiterzuentwickeln, teile ich nicht. Sie hat den Beigeschmack von Kapitulation, von Resignation und – Verzeihung – auch von einer Prise Selbstgerechtigkeit. Ist nicht unsere Theologie genau wie die jüdisch-christliche Tradition auf Bewegung hin angelegt? Wenn der alte Abraham sich ähnlich abwinkend verhalten hätte, wäre er ohne Nachkommen in Chaldäa gestorben, statt mit seinem Gott in die Ferne und in die unbekannte Zukunft zu ziehen. Auch ihm muss der Ruf zum Aufbruch erstens unheimlich, zweitens unbequem vorgekommen sein. Auch er wusste nicht, wo er am Ende ankommen würde. Trotzdem ist er mit Sack und Pack aufgebrochen – was durchaus auch als Leichtsinn oder Dummheit angesehen werden konnte und kann.

Wenn ich Sie richtig verstehe, meinen Sie Ihre Ablehnung aber gar nicht als Zukunftsverweigerung. Sie halten den Schatz, den die Theologie verwaltet, für lange nicht ausgeschöpft, so dass Ihnen eine weitere Aufstockung überflüssig vorkommt, als Ablenkung vom Eigentlichen, als Entfernung vom gegebenen Zentrum. Aber haben wir diesen Schatz nicht ausschließlich in den Gefäßen der jeweiligen Deutung, und stecken in jeder Deutung nicht immer auch Gegenwartserfahrungen und Zukunftshoffnungen der Deuter?

Theologische Erkenntnis steht nicht als abgeschlossener, statischer Block in der Zeit. Die Vergangenheit ist nie vergangen und nie fertig. Geschichte ist uns nur in ihrer perspektivischen Aneignung durch Geschichtsschreibung, Gott nur durch den Filter von Theologien, Jesus nur im Spiegel von vier verschiedenen Evangelisten zugänglich. Das Fehlen der Unmittelbarkeit unseres Wahrheitszugriffs mag ernüchtern bis frustrieren; aber befreit es nicht auch zur Toleranz gegenüber anderen Wahrheiten? Wahrheit, die immer perspektivisch ist, schützt uns meiner Meinung nach vor einem starren dogmatischen Schema, in dem es nur „richtig" und „falsch" gäbe.

Theologisches Fragen und Antworten war und ist immer im Fluss. Es ist der Dialog und die Interaktion von verschiedenen Interpreten, die sich bewusst bleiben müssen, dass sie über keinen Generalschlüssel zum Geheimnis der Wahrheit verfügen. Wenn diese Interpreten nun völlig neue Erfahrungen mit Leben und Sterben machen, können sie gar nicht anders, als diese neuen Perspektiven in ihre Deutungen einzubringen. Sie sind der Sog, der in die Zukunft zieht. Sie sind wie der Sauerstoff, den das fließende Gewässer braucht, um sich nicht zur abgestandenen Brühe zu verwandeln. Ohne diese Dynamik hätte sich die jüdisch-christliche Tradition weder verzweigt noch über Jahrtausende hinweg erhalten.

Ich meine also, dass die Ablehnung einer theologischen Weiterentwicklung einem Aussperren des geschichtlichen Gottes aus Zeit und Geschichte gleichkäme. Das scheint mir ein absurder Versuch zu sein, dessen Notwendigkeit nicht auf der Hand – Sie würden wohl sagen: „in" der Hand – liegt. Es kann und darf keine ewigen, unanfechtbaren Prinzipien geben, keine Wahrheiten, die durch den Wandel der Situationen grundsätzlich unangefochten bleiben müssen. Schon unsere Sprachlichkeit verbietet diese starre Haltung, denn woran ließe sich die Vielfalt der Auffassungen und ihre geschichtliche Bedingtheit besser zeigen als an der Vielfalt der Sprachen und ihrer Denkstrukturen? Fassen wir unsere Sprachlichkeit als ständige Angesprochenheit auf, dann sprechen uns die Begriffe und Geschichten der anderen aus anderen Zeiten und Kulturen an – und warten auf Entgegnung.

Hehre Grundsätze wie die Haltung, die Sie unter den Stichworten Liebe – Freiheit – Gerechtigkeit ansprechen, bedürfen einer Interpretation, um nicht Worthülsen zu bleiben. Deshalb unterliegen auch sie einer subjektiven Sichtweise, die durch persönliche und historische Erfahrungen geprägt sind. Als Luther über die „Freiheit eines Christenmenschen" schrieb, meinte er etwas ganz anderes als ein freiheitsbegeisterter Bürger in der Französischen Revolution. Aber auch Sie und ich zum Beispiel verstehen nicht dasselbe unter „Liebe". Das tragische Moment, das Sie etwas abfällig erwähnen, gehört für mich unbedingt dazu. Liebe, die ohne Gegenliebe weiterliebt, lässt sich nicht auf eine Tragödie reduzieren, sondern steht über der Tragik und lockert die Beziehung durch komödiantische Elemente auf. Da auch Sie über 1 Kor 13 geschrieben haben, will ich aus diesem Kapitel des Paulus ein paar Aspekte übernehmen, die zu meiner Perspektive von Liebe genau zu passen scheinen. Demnach ist sie „geduldig und gütig", nicht eifersüchtig und prahlerisch. Sie ist nicht auf ihren Vorteil bedacht, lässt sich nicht zum Zorn reizen – oder, wie Luther übersetzt, „nicht erbittern", trägt das Böse nicht nach. Sie erträgt alles, glaubt alles, hofft alles – und ermüdet dennoch nicht.

Welch eine Gabe! Liebe in diesem Sinne zielt gerade nicht auf Gegenliebe, sondern auf das Du als Orientierungspunkt des Ich, das sich aus der Selbstbezogenheit und Isolierung zu befreien sucht. In besonderem Maße scheint mir der Bonus, den nur die Liebe vorzuschießen bereit ist, auf Gottes Liebe zuzutreffen. Wo dieser Vorschuss als Pille für Dauerschlaf und Dämpfung gebraucht wird, handelt es sich um Missbrauch, da gebe ich Ihnen Recht. Aber meint denn die Rede von dem gnädigen und verzeihenden, dem „rechtfertigenden" Gott wirklich eine nachträgliche Gerechtsprechung von Fehlern?

Sie mögen Gründe haben, eine träge und unbekümmerte Haltung zu kritisieren, die Dietrich Bonhoeffer mit dem Glauben bestimmter Christenmenschen an eine „billige Gnade" charakterisierte. Die Gnade, von der ich gesprochen habe und die sich in meiner Erfahrung der Transplantation konkretisiert hat, ist aber nicht billig. Sie hat mich viele schlaflose Nächte, viele Angriffe und Vorwürfe, vor allem aber Unverständnis gekostet. Haben nicht die meisten Menschen Probleme mit einem „gnädigen" Gott, weil sie sich dessen Geschenke lieber verdienen möchten, weil sie einen Anspruch geltend machen wollen, statt einfach die Hände zu öffnen und zu empfangen? Wir sind gewohnt, dass Geschenke mit Gegengaben beantwortet werden müssen. Die Gabe bindet und verpflichtet, und dieser Gedanke passt uns nicht.

Der christliche Gott ist anders. Er hat den Automatismus von Schuld und Strafe, aber auch den von Gabe und Gegengabe längst überwunden. Ich möchte Ihnen eine kleine Geschichte erzählen, in der ich Gott vor eine Haustür stelle, die Arme voller Geschenke, die er unangekündigt und unbestellt verteilen will. Zunächst wird er gar nicht ins Haus gelassen, da man ihn für einen raffinierten Handelsvertreter oder einen Drücker hält, der irgendwann einen Knebelvertrag aus der Tasche ziehen wird. Nein, erklärt er durch die Sprechanlage, er wolle nur seine Geschenke verteilen. Misstrauen. Flüstern: „Ich habe doch nichts bestellt." Dann schlüpft er mit einem anderen Hausbewohner ins Treppenhaus, der sich über die Fülle der kleinen Pakete wundert. Womit hat seine Nachbarin bloß so viele Gaben verdient, und wer überschüttet die unauffällige Dame plötzlich mit all diesen reichhaltigen Überraschungen?

Dann steht Gott direkt vor der Etagentür und wird durch den Spion beobachtet. Eigentlich sieht er ganz freundlich aus. Die Frau öffnet, aber als sie den vor – angeblichen – Geschenken überquellenden Arm sieht, wird ihr unheimlich. Wer weiß, was dahintersteckt! Sie drückt dem enttäuschten Geber die Haustür ins Gesicht und lässt ihn draußen stehen: „Nein danke, ich brauche nichts. Ich habe an mir selbst genug."

Liebe Frau Krahe,

was wir sehr verschieden sehen, ist nicht die Transplantation, wie Sie meinen, sondern Gott. Die Transplantation war und ist für Sie ein Erlebnis der Freiheit, und das glaube ich auch und freue mich mit Ihnen. Freilich ändert das nichts daran, dass biologisch-medizinisch bei der Transplantation von der Organentnahme bis zur Unterdrückung der Immunkräfte ein Zwang ausgeübt wird, ohne den alles nicht möglich wäre. Sie selbst beschreiben doch in aller Breite, besser als ich es sagen könnte, all das Zwanghafte, das die Lebensrettung der heutigen Medizin mit sich bringt.

Sie fragen mich dann, was ich einem Patienten sagen würde, der sich solchem Zwang verweigert, also sein Leben zum Beispiel nicht länger mit der Dialyse „gerettet" sehen möchte, da es ihm verleidet ist und er „eigentlich" schon lange gestorben wäre. Ich weiß es nicht, doch Ihr Ausdruck „das Leben schmackhaft machen" widerstrebt mir in diesem Zusammenhang. Mir selber wenigstens ist es ein tröstlicher Gedanke, als Dialysepatient in schlimmer Lage die Dialyse und damit mein Leben beenden zu können. Derartig extreme Situationen mit Dialysepatienten, wie Sie sie beschreiben, habe ich freilich noch nicht gesehen.

Wie Zwang und Freiheit, zunächst ein Gegensatz, in der Transplantation zusammengehen können, das haben wir jetzt beschrieben, können einander ziemlich gut verstehen und deshalb einigen. Vielleicht kann diese Einsicht uns auch für das theologische Gespräch helfen, in dem sich scheinbar zwischen uns doch große Meinungsverschiedenheiten auftun.

Wenn ich mich neulich gegen die Vorstellung wandte, die Theologie solle sich dem allgemeinen wissenschaftlichen Fortschritt entsprechend weiterentwickeln, meine ich natürlich nicht, die christliche Theologie sei so etwas wie eine zeitlos gültige Lehre. Im Gegenteil, wenn wir bei den schnellen Veränderungen auf allen Gebieten das Evangelium weitersagen wollen, müssen wir sozusagen immer wieder ganz von vorn anfangen.

Man kann fragen, ob es nach Luther überhaupt noch gelungen ist, was in der Bibel gemeint war oder ist, zutreffend zur Sprache zu bringen. Aber die christliche Theologie darf sich deswegen nun auch nicht zu einem Rad am Wagen des wissenschaftlichen Fortschritts machen. Denn dieser Fortschritt, darüber haben wir beide uns doch inzwischen am Beispiel der Transplantation und der Dialyse verständigt, wird einseitig technisch und wirtschaftlich vorangetrieben. Entsprechend zwiespältig sind die Errungenschaften der modernen Medizin. Sie überfordern uns zunehmend psychosozial, wirtschaftlich und gesellschaftlich oder, wie Sie es ausdrücken, wir zahlen einen hohen Preis dafür. Andere Beispiele sind vor allem die riesigen Probleme der Altenpflege und die vorgeburtliche Medizin.

Wo bleibt da die Theologie? Mit dem Gegensatz, den Sie formulieren, indem Sie einerseits wiederholt schildern, wie Sie sich durch die Transplantation ganz und gar beschenkt sehen, andererseits aber von dem hohen Preis sprechen, der zu zahlen ist, wird einmal mehr klar und anschaulich, womit wir es meiner Meinung nach zu tun haben, wenn wir ehrlich theologisch reden wollen. Wir wollen ja in diesem Gegensatz zu brauchbaren Entscheidungen kommen (z. B. Transplantation ja oder nein), ohne die eine oder andere Seite zu ignorieren oder zu unterschlagen. Anders gesagt: Wer oder wo ist Gott in diesem Gegensatz?

Auf beiden Seiten, sage ich, im Erlebnis des Geschenks wie auch in der Wahrnehmung des hohen Preises, den wir selbst zahlen, aber als Einwohner der reichen Welt der Natur aufdrücken und denen, deren Arbeit wir uns aneignen. Weil uns dies Letzte unangenehm ist, bleibt es leicht auch theologisch außer Betracht und es kommt zu jener Theologie, die landauf, landab Gott einseitig als den bedingungslos und unendlich Liebenden verkündet.

Meine Kritik daran haben Sie wohl als ungerecht empfunden, weil sie nicht zu Ihrer Erfahrung und Freude am Beschenkt-Sein passen will. Infolgedessen halten Sie sich, wenn es um Gott geht, an die eine

Seite jenes Gegensatzes. Wenn wir aber an Gott nur von dieser Seite her denken, neigen wir leicht dazu, auch die Kritik am Fortschritt zu vergessen und zu meinen, die Theologie solle helfen, das von der Technik geschaffene, noch unbekannte und unheimliche Terrain vertraut zu machen.

Zu allem Überfluss erzählen Sie zuletzt noch die Geschichte, in der jener einseitig liebende Gott – ich kann es Ihnen nicht ersparen – ganz und gar zu dem sinnentleerten und wirklichkeitsfremden Weihnachtsmann geworden ist, der uns jetzt in der Vorweihnachtszeit wieder überall begegnet. Wollten Sie mich mit dieser Geschichte provozieren?

Natürlich haben Sie völlig recht, wenn Sie schreiben, „Liebe zielt gerade nicht auf Gegenliebe". Jedoch auch in der Liebe kehrt jener Gegensatz oder Widerspruch wieder, d. h., ebenso ist wahr, dass die Liebe sich nach Gegenliebe sehnt, auch Gott. Seine Klage, dass seine Liebe nicht erwidert wird, sein Zorn, ja seine Eifersucht, mit der er bis in die dritte und vierte Generation verfolgt, aber unendlich wohl tut, ist doch ein Riesenthema in der hebräischen Bibel. Ich nenne nur den Propheten Hosea und das 5. Buch Mose. Und in der griechischen Bibel steht die wechselseitige Liebe zwischen Gott und Mensch, die doch allein Gottes ist, besonders in den Johanneischen Schriften im Zentrum.

Dialyse und Transplantation, die das Leben retten wollen, stiften dadurch besonders tiefgehend Beziehung, d. h. gegenseitige Befreiung und Abhängigkeit, wobei die Liebe einen entscheidenden Anteil hat. Die Theologie könnte also auf diesem Feld wirklich helfen, immer neu herauszufinden, was wir aus Liebe denn eigentlich wollen, was wichtig ist und was wir einander zumuten können und wollen, herausgefordert durch die technische Medizin.

Wo nehmen wir dazu die erforderliche Beziehungsklugheit her? Müssen wir sie erst noch entwickeln oder haben wir sie verloren? Sind wir heute klüger oder dümmer als die Menschen, die in der Bibel zu Wort kommen? Wie ich gerade in der Zeitung lese, gibt es in der anthropologischen Forschung Stimmen, die fragen, ob die Menschen der Steinzeit nicht intelligenter waren als wir heute, weil ihr Überleben permanent davon abhing, viele Gefahren bestehen zu können, die wir Zivilisierten kaum noch kennen und deswegen verlernt haben. Vor allem geht es dabei um die soziale Intelligenz, die bei uns jedenfalls nicht besser ist, weil unser Frieden in der Obhut von Staat und Gesetz weitgehend ohne unser Zutun gesichert wird.

Einen deutlichen Hinweis jedenfalls gibt es, dass man in biblischen Zeiten besser wusste, was es mit der Liebe und mit Gott auf sich hat und wie jener Widerspruch von Liebe und Gegenliebe sich in der Praxis verhält, den Fingerreim. In ihm sind die Zehn Gebote und das Vaterunser abgefasst. Leicht handhabbar stellen die fünf Finger dar, wie sich die fünf

Elemente jeder Beziehung, Freiheit – Wahrheit – Gerechtigkeit – Liebe – Leben, zueinander verhalten, einander widersprechen und in eine Einheit finden.

Die Tatsache, dass das Wissen darüber verloren ging, stützt meine These, dass die Erneuerung und eine angemessene Aktualisierung der Theologie eher in einer Rückbesinnung gelingen werden.

Lieber Herr Fincke,

wie schade, dass Sie in der Gottesfigur, die ich mit ihren Geschenken im Arm vor unsere Haustür gestellt hatte, nichts weiter als einen sinnentleerten Weihnachtsmann erkennen können! Um dieser Karikatur zu entgehen, hätte ich meine Figur vielleicht in einen Lutherrock oder ein antikes Gewand stecken müssen. Dabei war ich schon ganz stolz, ihr weder eine Bischofsmütze noch einen roten Mantel noch eine rote Knollnase verpasst zu haben! Nun sprießen ihr im Spiegel Ihrer Reaktion Stoppeln am Kinn, die ich nicht zum Rauschebart wachsen lassen kann.

Aber Scherz beiseite: Ich finde es schon sehr bezeichnend, wie unterschiedlich wir diese Geschichte empfinden. Die beiden Zugänge offenbaren tatsächlich ganz verschiedene Auffassungen von Gott, die wir nicht überspielen sollten. Sie betreffen nicht nur den Bereich seiner sogenannten „Eigenschaften", sondern auch sein Verhältnis zur Geschichte, vermutlich auch zu Natur und Körper. Ich denke nicht, dass wir diese unterschiedlichen Gottesbilder unter irgendeiner Schablone zur Deckung bringen müssen, zumal sich aus ihnen unsere jeweiligen Bewertungen von Transplantation und Medizintechnik erklären lassen. Auch in dieser Konsequenz von unterschiedlichen Grundentscheidungen stellen sich die Differenzen als bedeutender heraus, als es bislang den Anschein hatte.

Wenn wir uns über die Zwiespältigkeit medizinischen Fortschritts auch einig sind, so kann ich mich mit der Einseitigkeit Ihrer negativen Bewertung nach wie vor nicht einverstanden erklären. Zudem sollten wir überlegen, ob nicht die Theologie, kultur- und geistesgeschichtlich betrachtet, selbst die entscheidenden Anstöße zu dem medizinischen Fortschritt geliefert hat. Jedenfalls scheint mir auch dieser Fortschritt zu den Spätfolgen von Humanismus, Reformation und Aufklärung zu gehören. In einzelnen Punkten kann ich diese neuzeitlichen Strömungen kritisch ins Visier nehmen und beispielsweise die kalten Luftzüge – Stichwort Menschenbild – bedauern, die der heißen Leidenschaft gefolgt sind. Im Großen und Ganzen jedoch begrüße ich sie als reinigenden und frischen Wind. Alles andere empfinde ich als eine Klage auf reichlich hohem Niveau.

Es stimmt, dass Transplantation und Dialyse Beispiele einer technisch und wirtschaftlich operierenden Medizin sind. Aber erstens sind weder technische noch wirtschaftliche Prozesse zwangsläufig schädlich, sondern fordern unsere Fantasie heraus, neu über Kosten, Nutzen, Verteilung usw. nachzudenken. Zweitens deckt diese ökonomisch-technische Seite eben nur die eine der zwei Seiten ab, die ihre Zwiespältigkeit ausmachen. Dass es in der Medizin, wie wir beide wissen, Zwang gibt, heißt doch nicht, dass sie aus nichts als Zwangsmaßnahmen besteht oder dass wir uns solchen Zwängen nicht entziehen könnten! Sie selbst haben in Ihrer letzten Ausführung ein höchst eindrückliches Beispiel für eine ganz neue Freiheit genannt, nämlich die Freiheit, mit der Dialyse das eigene Leben beenden zu können. Vor der Erfindung der maschinellen Blutwäsche gab es solche Einflussnahmen auf das Schicksal nicht. Ihre eigene Haltung zeugt von einer Souveränität, die es zu stärken gilt, auch wenn sie zu neuen ethischen Problemen führt. Von sich aus können Maschinen keinen Zwang ausüben. Aber als Patientin kann ich mich vom medizinischen Apparat versklaven lassen, und diese Freiheits-Vergessenheit gilt es bewusst zu machen, um sie möglichst zu unterbinden. Was theologische Medizin-Ethik vor allem leisten müsste, haben Sie selbst bereits einmal kurz angesprochen, als es um den unselbstständigen Patienten ging, der treu, brav und unkritisch die Verordnungen seines Arztes befolgt. Theologische Ethik und Seelsorge müssen vielmehr das eigenständige Fühlen und Urteilen der Patienten unterstützen, somit deren Freiheit. Ein Glaube, der den Menschen als befreit und freigesprochen verankert, wäre ein enormer Impulsgeber für eine Entwicklung, die ich „medizinische Säkularisierung" nennen möchte. In diesem Prozess würde auch der völlig überforderte Arzt vom Thron messianischer

Hoffnungen gezogen und als fehlbarer, selbst unsicherer, selbst suchender Mensch geerdet.

Falls Sie aus meiner Bereitschaft, die zwanghaften Seiten des Fortschritts beim Namen zu nennen, den Schluss ziehen, dass ich diesen Zwang als Grundlage und Ziel medizinischer Entwicklungen betrachte, haben wir uns missverstanden. Vor dem Fluch des Missbrauchs medizinischen Fortschritts steht für mich doch der Segen der tausend Entdeckungen und Techniken, die uns das Leben, seine Förderung und Erhaltung ermöglichen. Theologisches Denken soll sich deshalb nicht zum überflüssigen Rad an einem Wagen machen, der längst mit vier Rädern unterwegs ist, sondern es soll dieses holprige Gefährt kritisch begleiten. Dafür muss die Theologie aber auf einer Höhe mit dem Fortschrittswagen bleiben. Geht sie in umgekehrter Richtung rückwärts, schneidet sie sich selbst alle Möglichkeiten ab, seinen Weg zu bremsen, zu beeinflussen. Ihn in die Zeit ohne Penicillin, E-Rolli und Insulin zurückzuziehen wäre zynisch. Selbst stehen zu bleiben, den Wagen weiterfahren zu lassen, um sich auf die – angebliche – Beziehungsklugheit der Steinzeit-Menschen zurückzubesinnen, halte ich für eine Variante theologischen Aussteigertums, die ich nicht mitmachen kann. Aussteigerinnen mögen „Mahnmale" darstellen; Gesprächspartner sind sie nicht.

Ohne mich als Kennerin steinzeitlicher Soziologie aufspielen zu können, behaupte ich, dass die Beziehungen zwischen Menschen sich seither ziemlich verändert haben. Auf diese Bewegung muss man doch eingehen, ihr muss man doch folgen, wenn der Gesprächsfaden zur Gegenwart nicht abreißen soll. Sonst habe ich Antworten auf Fragen parat, die mir heute niemand mehr stellt, und diese Antworten, unkommunizierbar, erreichen kein lebendiges Ohr mehr.

Nicht anders als ich bestreiten Sie, dass uns mit unserem theologischen Wissen eine zeitlose Lehre zur Verfügung stünde. Sie meinen, man müsse deshalb mit dem Evangelium immer wieder von vorn beginnen. Das hört sich zunächst kooperationswillig an; kein theologischer Ausstieg, aber ein traditioneller Konservativismus, der bewahren und nichts auf Spiel setzen möchte. Ich würde allerdings einen Schritt weiter gehen. Wir müssen das Evangelium immer wieder neu und anders verkünden, um seiner Geschichtlichkeit und Zukunfts-Ausrichtung gerecht zu werden. Immer wieder von vorn zu beginnen heißt für mich, sich im Kreise zu drehen. Es käme darauf an, ob die Spirale nach innen oder nach außen führen soll. Innen liegt nur das Schneckenhaus des in sich selbst verkrümmten Menschen, des homo incurvatus in se ipsum, wie Luther es nannte.

Mit dem Handmodell und dem Fingerreim haben Sie eine durchaus interessante Entdeckung gemacht. Mag sein, dass diese Elemente bislang in Exegese und Theologie zu wenig beachtet wurden. Aber sagen Sie: Halten Sie Ihre Entdeckung für den hermeneutischen Generalschlüssel, der alle möglichen Rätsel und Fragen der Theologie beantworten kann? Ich muss da doch Skepsis anmelden.

Ich glaube nicht an Allheilmittel. Sie können durch Placebos ersetzt werden, und Generalschlüssel versetzen uns in die Gefahr, die Wirklichkeit auf jene Türschlösser zu reduzieren, in die der Schlüssel passt.

Nun komme ich noch einmal auf Ihre Karikatur meines gebenden Gottes zurück, den Sie, wie die Adressatin seiner Geschenke, am liebsten auf die Straße setzen würden, weil sie ihn für einen Handelsvertreter halten oder weil Sie diese Figur einfach als unpassend, einseitig und kitschig erachten. Ich wollte mit dieser Szene nicht nur die Handlungsweise „meines" Gottes illustrieren, sondern das Augenmerk auch auf die hilflose Reaktion jener Frau lenken, die das Angebot weder prüfen noch annehmen kann. Anscheinend begegnen mir Menschen wie diese Dame, die Gottes Liebe nicht nötig zu haben glauben, viel öfter als Ihnen, der „landauf, landab" auf die Verkündigung eines bedingungslos liebenden und vergebenden Gottes trifft. Wenn die Kirchen ihn wirklich als Schlafmittel ausgießen, fragt man sich doch ernsthaft, warum es in diesem Valium-Nebel unter Christen trotzdem noch so viele Zukunftsängste gibt. Ein banaler, besser gesagt: ein derart banalisierter und verstümmelter Gott wäre nicht nur für Sie und für mich nichtssagend, sondern bliebe auch für andere Christen ohne Profil. Ich muss es wiederholen: Gottes Liebe, gerade in ihrem überschießenden Charakter, ist weder harmlos noch ist seine Gnade billig. Beides, Liebe und Gnade, sind nicht leicht zu ertragen, weil sie dem menschlichen Drang, alle Fehler selbst zu reparieren, zuvorkommen wollen. Damit verletzen sie unseren Stolz als Ebenbilder Gottes. Doch selbst wenn wir das Angebot Gottes ablehnen, bringen wir seinen Vorschuss an Liebe nicht unter unsere berechenbare Kontrolle. Der Bonus bleibt bestehen, auch wenn wir mit unserer Gegenliebe kläglich versagen. Ich finde das tröstlich und ermutigend, vielleicht weil es meiner eigenen Schwäche entgegenkommt. Moralistinnen, Liebes-Aktivisten und Macherinnen haben diesen Gott nicht nötig. Sie haben selbst so viel zu bieten, zu leisten, vorzuweisen ..., dass ihnen der „Lohn" für diese Mühe genügen würde. Gnade und Liebe? Too much. Wie die fleißigen Arbeiter im Weinberg (Mt 20) verkennen die Starken Gottes Neigung, die kleinsten Bemühungen mit großen Geschenken im Übermaß zu belohnen.

Sie haben Recht, wenn Sie darauf bestehen, dass Gott nicht einfach „lieb" ist. Seine rätselhaften, cholerischen, unmäßigen und wankelmütigen Seiten zu ignorieren hieße, seinen kantigen Charakter in unzulässiger Weise glatt zu schleifen. Wenn er zum Beispiel Letzte zu Ersten macht wie in Mt 20, ist das ein höchst anstößiger, ja geradezu unmoralischer – nein amoralischer – Akt, den die wenigsten Leserinnen als „lieb“ belobigen würden.

Ich wäre schon sehr naiv und hätte wohl riesige Lücken in meiner Bibelkenntnis, wenn ich nicht um das eifernde Ringen JHWHs um Gegenliebe wüsste. Mit dem Propheten Hosea bringen Sie das passendste Beispiel aufs Parkett. Der arme Kerl erkannte in seiner persönlichen, tragischen Ehe- bzw. Liebesgeschichte ein Paradigma für das immer wieder enttäuschte Werben Gottes um sein Volk Israel. Dieses Volk, so Hosea, setzte seinem Gott Hörner auf. Entsprechend hört man in den Zeilen des Hoseabuches JHWH selbst weinen, flehen, wüten. Entscheidend ist aber doch, dass dieses verzweifelte Werben nicht aufhört, obwohl es nicht die ersehnte Gegenliebe bewirkt. In Hos 11 dann verzichtet JHWH ausdrücklich darauf, seinen berechtigten Zorn zu vollstrecken. Das Gottesherz wendet sich gegen sich selbst und seine Bedürfnisse, die Gottesliebe lodert auf, um die Eifersucht zu verbrennen. Diese erstaunliche Kehrtwende wird damit begründet, dass JHWH Gott sei, nicht Mensch. Dieser Gott – der nachexilischen Zeit – steht über dem Verlangen nach Gegenliebe. Selbst bei der

Erneuerung seines Bundes mit dem Volk setzt er nicht mehr auf gegenseitige Vertragstreue, sondern schreibt allein und höchst eigenhändig seine Gesetze in Israels Herz (Jer 31,31ff).

Hinter solchen glaubensgeschichtlichen Entwicklungen stehen Erfahrungen mit ethischen Grundsätzen und den Grenzen ihrer Möglichkeiten. Vielleicht können wir uns in folgender Weise annähern: Die Kategorie der Gnade steht nicht als Freifahrtschein zum fröhlichen Sündigen auf der Liste göttlicher Eigenschaften. Aber sie fängt diejenigen Menschen auf, die im Abgrund der eigenen Irrtümer und Fehler zu versinken drohen. Deshalb finde ich Gottes Gnade so ermutigend. Wo es um Entscheidungen geht, die hohe Risiken bergen und einen hohen Preis fordern, stärkt der Glaube an Gottes Barmherzigkeit jeder und jedem Unsicheren den Rücken, damit sie zu Ja oder Nein finden.

Liebe Frau Krahe,

mit Ihrem letzten Satz sagen Sie eigentlich das, was im Zusammenhang von Dialyse und Transplantation theologisch gesagt werden kann: „Wo es um Entscheidungen geht, die hohe Risiken bergen und einen hohen Preis fordern, stärkt der Glaube an Gottes Barmherzigkeit jeder und jedem Unsicheren den Rücken, damit sie zu Ja oder Nein finden." Darauf scheint es hinauszulaufen, wenn ich unseren Schriftwechsel noch einmal von Anfang an überdenke. Es gilt, die hohen Risiken wahrzunehmen und den hohen Preis und dann die Freiheit, ja oder nein zu sagen. Den Mut dazu und das Vertrauen verdanken wir ehrlicherweise nicht uns selbst. Doch wem?

Nicht von ungefähr sind wir zuletzt auf die Liebe zu sprechen gekommen, zunächst kontrovers, aber dann doch übereinstimmend, und jetzt haben Sie die Kategorie der Gnade dazu eingeführt. Wir erleben oder erfahren sie in oder durch Beziehungen. Das bringt uns kirchlich sozialisierte Menschen dazu, ein bisschen schnell auf Gott und seine Liebe zu sprechen zu kommen, und wir geraten dabei ins Schlittern und Streiten, zum Beispiel eben ob nun Gott uns liebt oder wir Gott.

Wir bleiben also besser bei der Warnung, die in der hebräischen Bibel so nachdrücklich ausgesprochen wird, wohl mit Gott, aber wenig von ihm zu sprechen und seinen Namen besser gar nicht zu nennen. So sehr hat man diesen Namen geheim gehalten, dass später und bis auf den heutigen Tag keiner mehr weiß, wie er nun lautete. Vielleicht ist es auch für unsere Fragestellung besser, keine eindeutige Antwort geben zu wollen, sondern die Angelegenheit gewissermaßen zu umkreisen. Ich greife dafür erneut zum Handmodell. Zwar ist es kein Generalschlüssel für alle denkbaren Probleme – Ihre Warnung vor so einer Vorstellung kann ich nur unterstreichen –, doch hat unsere Hand nun einmal kein Mensch erfunden, sondern sie umfasst zusammen mit dem Gehirn unser Denkvermögen bzw., mit den Worten des Aristoteles, ist sie „das Werkzeug aller Werkzeuge". Und in Ihrem letzten Satz, den ich oben zitiert habe, fügen Sie offensichtlich mehrere Aspekte der fünf Finger aneinander.

Mit der Liebe (Ringfinger), der Wahrnehmung (Zeigefinger) der Risiken und des Preises sowie mit der Entscheidung (Daumen) sind es schon drei Elemente des Fingerspiels: Liebe – Wahrnehmung – Freiheit. Das vierte Element, der unbändige Drang, das Leben (kleiner Finger) zu retten, ist mit Dialyse und Transplantation ohnehin im Spiel. Was noch fehlt, ist die Gerechtigkeit (Mittelfinger).

In der Tat: Gehört nicht dieser Gesichtspunkt der Gerechtigkeit unbedingt mit hinein in unsere Erörterung, wie es zu einer uns selbst überzeugenden Entscheidung kommen kann? Es geht hier um die Gegenseitigkeit und darum, dass Dialyse und Transplantation eigentlich nur dann akzeptabel sind, wenn sie auch allen anderen zugänglich sind. Da aber zeigen sich deutliche und kaum überwindbare Grenzen.

Es ist ja nicht zu vergessen, dass wir in einem der wenigen reichen Länder der Erde leben, wo allen Menschen die Dialyse angeboten werden kann, die sie brauchen. Dafür können wir zunächst nur dankbar sein, aber auch dafür, dass so viele Menschen in den letzten 150 Jahren sich bei uns politisch für soziale Gerechtigkeit engagiert haben.

Bei der Transplantation sieht es etwas anders aus; sie ist nicht so teuer wie die Dialyse, aber der Mangel an Organen ist groß und wird es bleiben. Auch wenn es gelingt, mehr Menschen für die Organspende zu gewinnen, bleibt doch die Zahl der sogenannten Hirntoten für immer relativ gering. Und es wird nicht möglich sein, darüber hinaus Organe zu gewinnen. Auf dem Wege über die Lebendspenden kann ein Mensch ja nur eine Niere und einen Teil seiner Leber verschenken. Mehr geht eben nicht und kann nicht gehen, weil alles Weitere die Bedingungen oder Grenzen überschreiten würde, unter oder in denen unser Leben möglich ist, wie eben auch eine Besiedelung schon des Mondes oder des Mars ausgeschlossen ist. Wir würden dann bei der Organverpflanzung einander ans Leben gehen, wie die bereits geschehenden Verbrechen des Organhandels zeigen.

In diesem Zusammenhang finde ich den berühmten Satz von Albert Schweitzer sehr hilfreich: „Ich bin Leben, das leben will, inmitten von Leben, das leben will." In ungemein verdichteter Sprache kommen wir in diesem Satz zu Wort, wie wir einerseits so unbedingt leben wollen, dass aus dem Wollen schon ein Müssen wird, also Gewalt (kleiner Finger); aber dann doch sehen, wie es allen anderen Wesen genauso geht, so dass Gerechtigkeit (Mittelfinger) notwendig ist, damit wir nicht alle übereinander herfallen.

Doch wie kommen wir vom kleinen Finger zum Mittelfinger, also über den Abgrund, der unser unbedingtes Leben-Müssen vom gleichen Recht für alle trennt? Es sieht so aus, dass die drei anderen Finger eine Brücke bilden. Im Hinblick auf Dialyse und Transplantation erinnert einerseits der Zeigefinger daran, dass wir uns ein möglichst klares Bild verschaffen sollen von dem, was die technische Medizin kann und nicht kann, und welche Folgen damit verbunden sind für uns selbst und andere.

Andererseits zeigt der Ringfinger, wie wir vielfältig davon entbunden werden, all dem gerecht zu werden, was der Zeigefinger anzeigt; wir dürfen das „zweite Leben", das durch Dialyse oder Transplantation gewährt wird, als ein Geschenk annehmen, das wir zumindest dem medizinischen und sozialpolitischen Engagement unendlich Vieler verdanken und darüber hinaus der heilenden Kraft in uns.

So zeigt sich schließlich im Daumen, der den anderen vier Fingern gegenübersteht, die vollständige Übersicht, damit der Mensch besser entscheiden kann. Die Entscheidung wird ihm dadurch nicht abgenommen, aber er hat mehr Klarheit, worauf er sich einlassen kann oder was er nicht will.

Nun noch zu dem Thema, ob die Theologie als Kreis oder Spirale zu denken ist. In unserem bisherigen Briefwechsel kann ich nichts theologisch Neues entdecken. Ob es sich dabei, wenn wir, wie Sie schreiben, „das Evangelium immer wieder neu und anders verkünden", wirklich um eine Spirale handelt, bezweifele ich angesichts der Ambivalenz des technischen Fortschritts und der globalen Zukunftsaussichten, wie sie gerade wieder auf der Umweltkonferenz in Doha formuliert werden. Aber wir wollen den Mut nicht verlieren.

Lieber Herr Fincke,

Ihr letzter Satz entfesselt einen tiefen Seufzer der Erleichterung in mir. Hier und da, so gebe ich zu, kam ihre Fortschritts-Skepsis als Ausdruck tiefer Resignation bei mir an. Jetzt signalisieren mir die Worte „Dankbarkeit" und „Engagement" eine offenere Haltung, die mir konstruktiv erscheint. Wie gut, dass Sie die Zukunft noch nicht abgeschrieben haben!

Ich bin dankbar, dass Sie noch einmal die große Idee der Gerechtigkeit und ihren hohen ethischen Anspruch ins Spiel bringen, ohne ihn absolut zu setzen. Wenn Sie uns zumindest auf der Ebene der individual-ethischen Entscheidung der Forderung entbunden wissen, allen Aspekten gerecht zu werden, die sich aus Transplantation und Dialyse ergeben, so liegt diese barmherzige Deutung auf meiner Linie. Nicht allein, dass sie für mich persönlich Trost und Zuspruch bedeutet; sie ist auch realistisch, weil sie nicht ethische Ideale, sondern das menschlich Machbare ins Auge fasst. Manchmal sind Gnade und Liebe Gegenentwürfe zur Gerechtigkeit, ähnlich wie Wahrheit und Richtigkeiten sich gegenseitig ausspielen können. Nach meinem Geschmack werden allzu oft sozialethische Richtigkeiten bemüht, um persönliche Entscheidungen zu vermeiden oder auf die lange Bank zu schieben. Kürzlich vernahm ich zum Beispiel, dass das fragwürdige Treiben einer – angeblichen – „Transplantationslobby" eine Dame dazu gebracht habe, ihren Spenderinnen-Ausweis erst mal in die Schublade zu verbannen. Skandalöse Meldungen hätten sie aufgebracht und verunsichert. Ein Nachhaken ergab dann aber eine ganz andere Geschichte. Jene Zweifel, die ihre ursprüngliche Zustimmung zur Organspende in Frage stellten, waren durch ein Gespräch mit einer Leber-transplantierten Frau entstanden. Die Betroffene hatte u. a. über Abstoßungen erzählt und die große Menge an Medikamenten erwähnt, die sie ihr Leben lang einnehmen muss. Die Vorstellung „neue Leber – und alles ist gut" ging nicht auf, aber mit Verunsicherungen durch eine ominöse Lobby und deren Machenschaften ließen sich die eigenen Zweifel besser begründen. Mit einem Gefühl des Unbehagens, gar mit dem Eingeständnis abergläubiger Vorstellungen lässt sich in unserer Welt eben kein Blumentopf gewinnen.

Nun sind Organspende und Medizintechnik nicht die einzigen Felder, auf denen sozialethische Überlegungen mit der persönlichen Moral kollidieren. Könnte es sich aber nicht auch um eine Scheinkollision handeln, ebenweil es um völlig verschiedene Ebenen geht? Ist es nicht absurd, mein „Ja" oder mein „Nein" in der konkreten Betroffenheit von der Frage abhängig zu machen, wie gerecht oder ungerecht die medizinischen Hilfsangebote verteilt sind? Wenn ich gar für mein eigenes Kind, meinen Ehemann oder meine Mutter entscheiden muss, spitzt sich der Konflikt zu. Kann ich Menschen, die mir nahestehen, den Wunsch, zu überleben, ernstlich ausreden, weil ein kranker Mensch in einem anderen Land sterben müsste oder weil dessen Tod dort als unabwendbar und natürlich gilt?

Jedenfalls wird das globale Problem ungerechter Verteilung von Ressourcen nicht kleiner, wenn ich persönlich darauf verzichte, die mir geschenkten Möglichkeiten zu nutzen. Dass ich jedoch darauf dränge, unseren medizinischen Luxus auch Anderen zugänglich zu machen, ist eine Selbstverständlichkeit, die aus der Dankbarkeit folgt.

Bei unserem Thema gilt es, wie Sie mit Recht bilanzieren, die Risiken und den hohen Preis zur Sprache zu bringen, ohne die Dialyse und Transplantation nicht zu haben sind. Deshalb trägt unsere Diskussion hoffentlich dazu bei, angesichts dieser unvermeidlichen Unbequemlichkeiten die Organspende nicht als einen billigen und konsensfähigen „Akt der Nächstenliebe" zu verharmlosen. Organspende ist ein ungeheuerliches Wagnis. Darüber sind wir uns wahrscheinlich einig, wobei Sie Ihr Augenmerk auf dem Ungeheuren fokussiert haben, ich eher auf dem Wagnis. Da dieses Wagnis für mich gut ausgegangen ist, möchte ich natürlich auch andere grundsätzlich dazu ermutigen. Mir ist es wichtig, die Chancen, die sich durch die Transplantationsmedizin eröffnen, weder zu verunglimpfen noch zu dämonisieren noch kleinzureden. Was einen hohen Preis hat, ist nicht nur teuer, sondern wertvoll. Was Risiken birgt, verspricht hohen Gewinn, was Mut zur Entscheidung erfordert, darf nicht von vornherein mit einem muffigen Mantel befürchteter Enttäuschung verhüllt werden. Je abgeklärter und realistischer die Erwartungen sind, desto geringer werden die Enttäuschungen ausfallen. Organspende ist weder ein Freifahrtschein zum beschwerdefreien Dasein noch zum Lebensglück. Doch gilt genau diese Einschränkung auch für die Dialyse, und für mich, ebenso wie für manch anderen Menschen, bleibt sie die schlechtere Wahl.

Zu den erneuernden Chancen, die ein zweites Leben in Gemeinschaft mit dem geschenkten Organ und seinem Spender eröffnet, rechne ich ausdrücklich eine Veränderung bzw. Ausweitung meines Gottesbildes. Zum einen kann ich mir Gottes versöhnendes, gerecht sprechendes „Okay" in kaum einer Lebenssituation deutlicher konkretisiert vorstellen als in der Lebensrettung durch Organspende. Zum anderen hat diese Erfahrung mich von der politisch und kirchlich korrekten Vorstellung abgebracht, Gott sei in erster Linie gerecht. Mir scheint eher die alttestamentliche Einsicht zuzutreffen, der Namenlose sei gnädig, wem er gnädig sein, und er erbarme sich, wessen er sich eben erbarmen wolle (vgl. Ex 33,19). Schließlich wünschte ich mir eine tiefere Würdigung des Schöpfergottes als Beobachter und Mitspieler der spielenden Weisheit (Spr 8). Seine Schöpfung wird in diesem Text nicht als starre, sondern als flexible Größe erfasst, die ihre Impulse aus den frei gegebenen, nicht vorhersehbaren Sprüngen, Tänzen und Spielen eines Kindes bezieht.

Aber bevor ich hier versuche, aus den Konturen dieser Ideen Gemälde zu machen, muss ich auf Ihre wiederholte Warnung eingehen, den Namen Gottes allzu oft, allzu leicht über die Lippen zu bringen und womöglich als Alibi zu missbrauchen. Als Distanzierung von einem allzu unbedachten Zugriff auf eine Größe, die wir mit unseren kleinen Händen nie umfassen können, ist mir die Warnung sympathisch. Doch empfinde ich in dieser Vorsicht auch eine Unwilligkeit, sich in puncto Glauben festzulegen und zu binden. Verrät Ihre Bemerkung, die menschliche Hand habe wenigstens niemand erfunden, nicht sogar noch eine grundlegendere Skepsis? Ich höre daraus die Erwägung, Gott, sein Name und Wesen könnten menschliche Erfindungen sein.

Philosophisch ist dieser Gedanke ebenso wenig erledigt wie umgekehrt der Gottesbeweis. Die hebräische Scheu, Gott bei (s)einem Namen zu nennen, zielt jedoch nicht auf Atheismus; ein solcher war vor der Neuzeit noch nicht denkbar. Die Scheu drückt einen großen Respekt vor einem heiligen und unnahbaren Gott aus, der sich nicht vereinnahmen lässt, der immer mehr und anders ist, als seine Verehrerinnen es sich vorstellen können oder wollen. Gottes Namen zu kennen, zu nennen und zu buchstabieren hieße, diesen Gott festzulegen und sich sozusagen in die Tasche zu stecken. Was im Buch des Zweiten Jesaja als Zusage Gottes an sein Volk gilt, ist ein Exklusivrecht JHWHs, nicht der Menschen: „Ich habe dich bei deinem Namen gerufen, du bist mein" (Jes 43,1). Eine Umkehrung dieses Beziehungsgefälles ist nicht möglich.

Die Warnung, Gottes Souveränität zu beschneiden, verbietet jedoch ebenso wenig wie das Bilderverbot, diesen Gott im Gebet bei (s)einem Namen anzurufen oder sich immer neue Geschichten über sein Wesen und seinen Charakter zu erzählen. Entsprechend vielfältig sind die biblischen Gottesauffassungen. Dass JHWH immer auch für Überraschungen gut ist, gehört zu den grundlegenden Erfahrungen vieler biblischer Figuren. Erzvater Jakob lernt ihn am Fluss Jabbok als dämonischen Ringer kennen, Mose als Stimme aus Feuer, Donner und Wolken, Elia spürt seine Anwesenheit in einem Säuselwind, und der Prophet Jona, der Ärmste, muss sich in seinen fixierten, starren Vorstellungen von Israels Gott und dessen Handeln gegenüber den „Heiden" gleich mehrfach korrigieren lassen. Gott ist anders, Gott ist mehr, Gott sprengt die Kategorien menschlicher Moral und menschlicher Vorstellungen. Um diese Tür zu neuen Erkenntnissen offen zu halten, klopft die hebräische Bibel seinen Namen nicht fest, sondern empfiehlt Vertrauen in seine fürsorgende Begleitung. JHWH wird da sein, als der er sich erweisen wird (Ex 3,14). Wie er ist, sagt er nicht, aber dass er ist und sein wird, hat er nach Meinung der biblischen Autoren zugesagt. Warum sollte ich Gott nicht auch im medizintechnischen Fortschritt finden können? Verfehlen oder vereinnahmen konnten ihn bereits die biblischen Charaktere. Ein falsch verstandener Fortschritt kann das natürlich ebenfalls. Ein richtig verstandener Fortschritt, der um seine Vorgegebenheiten und seine eigenen Grenzen weiß, könnte jedoch von einem ähnlichen, ganz leisen Säuseln überrascht werden wie einst Elia.

Da Sie so zurückhaltend mit den Worten Gott und Glauben sind, frage ich Sie einfach mal direkt, ob Ihre Patienten-„Karriere“ für Sie nie eine Glaubenserfahrung war – oder eine Bewährungsprobe? Keine Sorge: Ich erwarte jetzt keine Damaskuserlebnisse oder begeisterte Erweckungen. Zu spirituellen Klimmzügen solcher Größe konnte und wollte auch ich mich nie aufschwingen, und wenig ist mir in meiner Theologie wichtiger als der Grundsatz, dass mein Glaube meinem Denken nicht widersprechen darf. Dennoch: Schon mit dem Angewiesensein auf fremde Hilfe, wie wir beide sie in der Dialyse erfahren haben, stellte sich für mich die Frage nach Gottes- und Glaubenserfahrungen, die durch diese neue Lebenssituation nicht verdrängt, wohl aber korrigiert wurden. Haben Sie nie diese Verbindung gezogen?

Liebe Frau Krahe,

Sie schreiben, ich möge mich erklären, warum ich so zurückhaltend von Gott oder vom Glauben spreche. Dazu möchte ich jene Unterscheidung von Partnerschaft und Instrumentalisierung wieder aufnehmen, wie ich sie ganz zu Anfang zugrunde gelegt hatte. Statt Instrumentalisierung kann ich auch Technisierung, Mechanisierung oder Objektivierung sagen. Diese Unterscheidung sehe ich als grundlegend an.

Seinerzeit habe ich die Transplantation ganz der Instrumentalisierung des Körpers zugerechnet. Inzwischen habe ich von Ihnen gelernt, wie auch mit dem fremden Organ in der Transplantation so etwas wie Partnerschaft erfahren werden kann, wenn Mann oder Frau sich dafür öffnet. Freilich, unser Medizinbetrieb, das haben auch Sie beschrieben, fördert diese Offenheit nicht gerade. Man spricht dort vom „Transplantat" und muss das Ganze technisch exakt, messbar und genau nachprüfbar auffassen, eben objektiv; denn die Methoden, Maßnahmen und Medikamente sind sehr riskant, ja lebensgefährlich.

Das wäre so in Ordnung, wenn wir abendländischen Menschen andererseits nun ebenso bereit und geübt wären, die eigenen Empfindungen und Gefühle überhaupt wahrzunehmen und ihnen zu trauen, und dies auch bei den Menschen, mit denen wir zu tun haben. Bekanntlich ist das nicht so. Als „Kopffüßler", vor allem die Männer, sind wir Abendländer geschult und gewohnt, das, was uns angeht, denkend zu erfassen, d. h. objektiv. Dagegen misstrauen wir dem sogenannten Subjektiven, den Empfindungen und Gefühlen. Darum wollen wir sie in den Griff bekommen, also beherrschen. Dabei sind es doch diese eigentlich, die uns motivieren, die uns lebendig machen und mit denen wir es zu tun haben, wenn wir den Körper als Partner verstehen wollen.

Aber in der Beziehung zum Körper gibt es eben keine Sicherheit, sondern gegenseitiges Vertrauen. Im Widerstreit der Gefühle kann man erfahren, dass alles ein gutes Ende nimmt, in eine Balance führt. Man spricht von der sogenannten „Weisheit des Körpers" oder von den Selbstheilungskräften, aber sie stehen objektiv oder dem Beherrschen nicht zur Verfügung.

Indem ich so schildere, wie wir weithin alles zu beherrschen suchen und das, was sich nicht beherrschen lässt, für unbeachtlich halten, kommt mir in den Sinn, wie Sie als Blinde wohl anders empfinden werden. Es sind ja in erster Linie die Augen, mit denen wir feststellen, messen, ja fixieren und dadurch beherrschen oder objektivieren können. Sie jedoch sind vor allem auf das Gehör angewiesen, um sich in Ihrem Umfeld einigermaßen sicher zu bewegen. Wollen Sie sich auf die Informationen verlassen können, die Sie über das Hören gewinnen, gilt es wohl zu horchen auf feine, leise Unter- und Zwischentöne. Beherrschen kann man so kaum; vielmehr ist das Horchen wohl näher beim Gehorchen, auf jeden Fall dabei, sich partnerschaftlich aufeinander einzustellen.

Wende ich das Ganze nun auf die Theologie an, so kommt mir das Wort „Gott" deswegen schwer über die Lippen, weil wir im christlichen Abendland eben auch Gott „nach unserem Bilde", d. h. als Herrschen-Wollende, geschaffen haben. Gott wird als „Herr" und „Herrscher" gesehen und verstanden, als König oder Messias, der Gerechtigkeit von oben schafft und Gnade übt, ja der auch und vor allem liebt, vergibt und beschützt, aber eben als Macht von oben. Weil das Wort „Gott" immer noch solche und ähnliche Vorstellungen auslöst, halte ich mich damit zurück. Lieber suche ich in der Beziehung zum Körper, zur Natur und im zwischenmenschlichen Bereich auf, was dort an Partnerschaftlichem zu erfahren ist, um zu erkunden, was wohl mit „Gott" eigentlich gemeint ist.

Auch Sie betonen mit Recht, „Gott ist anders, Gott ist mehr, Gott sprengt die Kategorien menschlicher Moral und menschlicher Vorstellungen". Aber ich frage: Wie denn ist er „anders"? Legt er sich in keine Richtung fest? Und ich antworte: Doch, er ist eben kein Herr, er lehnt das Herrschen ab und hat uns nach seinem Bilde geschaffen, d. h., wohl hat er uns mit Augen versehen, aber auch mit Ohren, Nase, Mund und Händen, so dass mehrere Sinne unser Herrschen-Wollen auffangen, ausgleichen oder davon ablenken. Und mit den fünf Grundbedürfnissen bietet unsere

Hand dasselbe Bild einer Balance, die keine Dominanz aufkommen lässt.

Auch die grundlegende Gotteserfahrung des Elia (1 Kön 19), die Sie anführen, wendet sich ganz klar gegen bestimmte Vorstellungen von Gott, eben die von Herrschertum, Macht und Gewalt: Er ist nicht im Sturmwind, Erdbeben oder Feuer, sondern im Flüstern eines sanften Windhauchs, mit den Ohren wahrnehmbar, nicht aber mit den Augen.

Sie fragen: „Warum sollte ich Gott nicht auch im medizintechnischen Fortschritt finden können?" In diesem Zusammenhang sprechen Sie mich auf die Dialyse an. Nun, wenn ich mir vorstelle, ich müsste wie Sie seinerzeit an drei Tagen in der Woche blind die Dialyse über mich ergehen lasen, d. h. fünf Stunden still liegen, weil mir zwei dicke Nadeln in die Armvene gestochen wurden und weil der Vorgang der Blutwäsche anstrengend für den Kreislauf ist, und müsste dazu all das Drum und Dran, die mehr oder weniger anregenden Reden der meist immer gleichen Mitpatienten und der Betreuer ertragen, so ahne ich, welches Gottesgeschenk Ihnen die Transplantation war und ist.

Sehenden Auges war und ist es für mich jedoch anders. Ich steche mir die beiden Nadeln seit Jahren selbst in den Arm und kontrolliere auch sonst, so gut ich kann, was mir während der Dialyse geschieht. Natürlich bin ich auf Hilfe angewiesen, und gäbe es die Dialyse nicht, wäre ich schon vor 15 Jahren gestorben. Aber sie war für mich von Anfang an eine notwendige medizinische Maßnahme, die ich meinem Körper nicht ersparen konnte oder wollte, um überhaupt zu leben. Bis dahin hatte ich mehr und mehr gelernt, auf die homöopathische Medizin zu vertrauen, die eben gerade nicht beherrschend vorgeht wie die Schulmedizin, sondern partnerschaftlich auf den Körper zu hören sucht. Dem folge ich auch weiterhin und bin dankbar, dass die homöopathischen Medikamente, in denen nach Meinung der Schulmedizin „nichts drin ist", was irgendwie wirksam sein könnte, mir doch deutlich helfen, die Dialyse besser zu vertragen. Wie das zugeht, kann keiner erklären.

Doch auch die herrschende Wissenschaft weiß nicht, wie eigentlich das Leben lebt. Ich glaube, dass die Vorstellung, dass sich das Leben im partnerschaftlichen Gegeneinander verwirklicht, der Wahrheit näher kommt als die vom Kausalzusammenhang mit der letztlich einen Ursache. Und ähnlich ist es auch mit Gott.

Wie Sie mir oben in einem Gesprächsgang geantwortet haben, kann sich theologisches Denken nicht zu einem Rad am Wagen (der technischen Medizin) machen, weil der längst mit vier Rädern unterwegs ist. So ein Rad ist tatsächlich überflüssig. Anschaulich wird das gerade wieder durch eine kirchliche Verlautbarung am letzten Wochenende. Der EKD-Ratsvorsitzende Nikolaus Schneider hat eine vorläufige Erklärung zur Organspende veröffentlicht. Wie der anfangs von mir zitierte Landesbischof Weber will auch er Mut zur Organspende machen, weiß aber angesichts der Hirntod-Problematik nicht wirklich etwas zu sagen. Auch er rettet sich, indem er auf die „Liebe zum Nächsten" verweist bzw. auf die „Solidarität mit Kranken". Für die eigentlich schwierigen Fragen kündigt er „eine gründliche Ausarbeitung" an, die er in Auftrag gegeben habe.

Doch mit der Medizintechnik haben wir uns eben an der Grenze von Leben und Sterben so weit in einen Bereich vorgewagt bzw. verstiegen, wo unser Empfinden übermächtig wird und Fragen aufkommen, die durch noch so viel Denken nicht schlüssig oder eben objektiv beantwortet werden können. Gleicht nun Gott sozusagen aus, was wir mit unserem Denken nicht erreichen? Ist er überhaupt eine höhere Instanz, die unser Handeln mit ihrem „Okay" versieht (mir widerstrebt dieser Ausdruck)? Von deren Gnade wir abhängen, wie Sie schreiben, unter Hinweis auf den Satz „Wem ich gnädig bin, dem bin ich gnädig, und wessen ich mich erbarme, dessen erbarme ich mich" (2. Buch Mose 33,19), der meines Erachtens nicht Willkür, sondern Verlässlichkeit meint? So sehe ich Gott nicht.

Mit der Gerechtigkeit Gottes ist in erster Linie die gegenseitige Empathie gemeint. Hier sind das Abwägen und Rechnen nur ein Faktor und nicht der wichtigste; vielmehr fragen wir dann, was darf, kann und will ich dem Anderen zumuten, wo ich ihn doch liebe? Also nicht: Worauf habe ich ein Recht, sondern wie werden wir einander gerecht? Ich würde also nicht von einer „großen Idee der Gerechtigkeit und ihrem hohen ethischen Anspruch" sprechen. Vielmehr scheint mir das Recht die elementare Bedingung des Lebens zu sein.

Lieber Herr Fincke,

ich bin noch gar nicht auf die Idee gekommen, dass es meine Erblindung gewesen sein könnte, die mir die Dialyse derart vergällte, und mein „zweites Leben" – ohne Dialyse und ohne Diabetes, aber ohne Augenlicht – umso wertvoller macht. Die meisten Menschen überschätzen die Katastrophe, die der Verlust des Augenlichts bedeutet. Das liegt wohl daran, dass kaum jemand sich sehenden Auges in die Welt der Blinden hineindenken kann. Ich konnte das früher ebenso wenig und ich weiß, dass es müßig ist, wenn ich immer wieder versichere, dass das Leben ohne Augenlicht anders ist, als Augenmenschen es sich ausmalen. Natürlich ist Blindheit nicht gerade der Himmel auf Erden, aber der Inbegriff der Hölle ist sie auch wieder nicht, und dass ich so urteilen kann, liegt wiederum am technischen Fortschritt. Im Mitteleuropa des 21. Jahrhunderts kann ein Mensch unter bestimmten Voraussetzungen mit einer „erworbenen" Behinderung wie der Blindheit gut leben; vorausgesetzt, er oder sie öffnet sich mit Haut, Ohren und Nase den unsichtbaren Dimensionen der Welt. Damit das gelingt, ist das Erlernen neuer Fertigkeiten ebenso unerlässlich wie das Infragestellen alter Ansprüche an „lebenswertes Leben". Vor allem benötigt ein spät erblindeter Mensch Zeit, um sich in der neuen Seinsweise zurechtzufinden. Nach vielen

Monaten, Jahren, Jahrzehnten im Dunkeln behaupte ich, dass ich mich recht fröhlich durch meine Welt taste, schmecke, schnuppere und lausche, obwohl diese Expeditionen nie ganz ohne blaue Flecken auskommen. Wenn ein blinder Mensch aber kaum noch Luft bekommt, weil das vergiftete Blut trotz Dialyse nicht genug Sauerstoff in seine Zellen transportieren kann, fordert das einfache Überleben so viel Energie, dass keinerlei Raum für das Erlernen und Einüben blindentechnischer Fertigkeiten bleibt. Erst mit den geschenkten Organen erhielt ich die Kraft, mich mit meinem neuen Leben als Blinde anzufreunden. Jetzt kann ich nur schwer unterscheiden, ob meine neu gewonnene Lebensfreude von dem Fremden unter meiner Haut ausgeht oder von einer zunehmenden Adaptionsbereitschaft an eine Welt ohne Licht. Diese beiden Aspekte neuen Lebens hängen für mich und meine Lebensgeschichte untrennbar zusammen.

Sofern ich es nach über 20 Jahren noch einschätzen kann, denke ich, dass meine blindheitsbedingte Abhängigkeit nicht mein größtes Problem an der Dialyse war. Vielmehr war die Dialyse als technischer, mitunter auch schmerzhafter Vorgang für mich eine Quälerei, die ich an anderer Stelle mit einer Kreuzigung verglichen habe. Das mag anmaßend klingen, zumal mein eigenes „Angenagelt-Werden" mich vor dem Tod bewahrte, nicht mein Sterben bewirkte. Doch bitte glauben Sie mir: Der angenagelte, zum Tode verurteilte, gekreuzigte Christus hat mir nie näher gestanden als in den Monaten meines persönlichen Dialyse-Kreuzes. Ähnliche Parallelen könnten Aidskranke ziehen, die ihre eigene Gestalt im gekreuzigten Christus des berühmten Isenheimer Altarbildes von Matthias Grünewald erkennen. Deshalb empfinde ich die Kreuzestheologie niemals als verzichtbar oder unzeitgemäß. Es geht darin nicht in erster Linie um Sühne und Opfer, sondern um Gottes Solidarität mit den Gequälten. Ohne mich hier auf dogmatisches Glatteis wagen und kunstvolle Pirouetten drehen zu wollen: Zeigt uns nicht der „gekreuzigte Gott", wie Jürgen Moltmann ihn nannte, das genaue Gegenbild eines Gottkönigs und Herrschergotts, das wir beide als hoch problematisch, wenn nicht als falsch empfinden? Findet sich in einer Christologie, die die Königsgestalt als Kind in einen Futtertrog legt und ihn unter Hohngeschrei und Dornenkrone sterben lässt, nicht eine wertvolle, aber völlig anachronistische Botschaft?

Indem ich diese Sätze schreibe, wird mir klar, dass die Transplantation für mich womöglich sogar etwas von konkreter Auferstehungs-Erfahrung hatte. Ich weiß, dass frau mit solchen großen Worten sparsam umgehen muss, und weitere Fragen der Christologie und Eschatologie zu verhandeln, würde den Rahmen unseres Austausches sprengen. Nur eines dazu: Auferstehung ohne Kreuz gibt es nicht,

Organspende nicht ohne jenen hohen Preis, den Sie immer wieder zu bedenken geben, mein neues Leben nicht ohne das Sterben eines anderen Menschen. Ich nehme diese Verflochtenheit von Leben und Tod, von Glück und Trauer noch einmal auf, weil sie erneut verdeutlicht, dass die christliche Theologie sehr wohl über Denkmuster verfügt, die die Diskussion über Organspende und Medizintechnik in frischeres Fahrwasser leiten könnten. Wahrscheinlich haben Sie Recht, wenn Sie sagen, dass wir nicht eine neue Theologie brauchen; aber wir müssen den Horizont weiten, an den theologisches Denken heranreicht. Ob Kirchen und Theologie das allein durch die Einschaltung von so genannten Expertinnen und Kommissionen schaffen, wage ich zu bezweifeln. Persönliche Betroffenheit scheint mir ein besserer hermeneutischer Schlüssel zu der „Problematik Organspende“ zu sein.

Nachwort

von Susanne Krahe

„Wie fühlt frau sich mit den Organen eines Toten?"

Diese und ähnliche Fragen zu meinen persönlichen Erfahrungen mit der Organspende habe ich in den letzten 21 Jahren ziemlich oft beantwortet. Es ist mir nie schwergefallen. Ich bin Erzählerin und habe auch keine große Scheu, autobiografische Intimitäten zu meinem „Stoff" zu machen, die zwar nicht unter die Gürtellinie, aber im wahrsten Sinne des Wortes unter die Haut gehen. Persönliche Berichte interessierten die Zuhörerinnen und Leser weit mehr als die medizinisch und juristisch hoch komplizierte Seite der Organspende.

Die Herausforderung, die das vorliegende Buchprojekt für mich bedeutete, bestand vor allem darin, dass ich meine persönlichen Erfahrungen mit den Glaubens-Grundlagen konfrontieren musste, die ich als Theologin gelernt hatte, und die – Jahre nach meinem Studium – sich gerade durch das intime Erlebnis meiner eigenen Transplantation geändert oder gefestigt hatten. Oder war mir als transplantiertem Menschen meine Theologie verloren gegangen? Die Nagelprobe fiel umso härter aus, als die Auseinandersetzung nicht nur innerhalb des eigenen Denk- und Entscheidungs-Horizonts zu führen war, sondern auch im Austausch mit einem anderen Betroffenen, einem Berufstheologen wie mir, der sich aber anders entschieden hatte und sicher gute Gründe dafür angeben konnte. In unserem Buch würden sich zwei Menschen und ihre Theologie begegnen, für die das „Problem“ Transplantation keine Theorie geblieben ist. Auf dieser Ebene war ein weitaus differenzierteres „Contra“ zu erwarten, als ich es von anderen Gegnern der Organspende gewohnt bin. Das Potential, mit dem meine eigene Entscheidung pro Organempfang in Frage gestellt wurde, schien mir entsprechend groß.

Ein wichtiges Aha-Erlebnis gleich zu Beginn des Austausches war, dass Pro und Contra sich nicht einfach auf die organtransplantierte Frau und den Mann an der Dialyse verteilen ließen. Mein Co-Autor war kein „prinzipieller“ Gegner, ich brauchte nicht die Rolle einer Vertreterin der sogenannten Organlobby zu übernehmen. Keiner von uns beiden wurde je von der anderen in eine ideologische Ecke gedrängt, in der wir das Bedürfnis verspürt hätten, uns wehren oder unsere eigene Entscheidung rechtfertigen zu müssen. Das machte unsere Diskussion zu einer Verständigung, bei der unsere unterschiedlichen Ansätze und Denkwege für die und den jeweilige(n) Gesprächspartner(in) gut nachvollziehbar wurden. In diesem Sinne wurde dieses Buch zu einer Orientierungshilfe, nicht zu einem Ratgeber, Kochbuch oder einer „Transplantationsbibel“.

Eine der wichtigsten Leitfragen unseres Gesprächs

drängte immer wieder an die Oberfläche: Sind Bibel, Theologie, Kirche und Tradition überhaupt noch kompetent, um Fragen der modernen Medizintechnik zu beantworten? Am Ende steht die Erkenntnis, dass sie es nur dann sind, wenn sie sich eben nicht als alleinige Sachwalterinnen eines wertvollen Erbes absolut setzen. Medizintechnik und persönliche Notlagen bieten sich als Paradigmen menschlicher Grenzerfahrung an, zu denen Theologie sehr wohl etwas zu sagen hat; aber nur, wenn sie die Bandbreite ihrer Deutungsmöglichkeiten nicht auf das reduziert, was sie immer schon gedacht hat und was konsensfähig ist.

Unsere Diskussion zeigt, wie intensiv gerade die Fragen der Organspende mit theologischen Fundamentalfragen zu tun haben. Welche Auffassung von Gott, dem Menschen, der Welt, der Gesellschaft begründet die individuelle Entscheidung? Welche Vorstellungen von Individualität und Identität, welche ethischen Argumentationsstränge stecken hinter Ja, Nein, Jein? Welches ethische Wissen, welcher dogmatische Instinkt müssten vielleicht erst entdeckt, zumindest aber entstaubt werden?

In diesen Fragen wünschen wir uns einen theologischen Neuaufbruch, der unsere unterschiedlichen Lebensgeschichten als Quelle nicht nur des Leidens und Mitleidens ausschöpft, sondern als Quelle einer Weisheit, die sich nicht auf theologische Richtigkeiten beschränken kann.

Von den Autoren sind auch
folgende Bücher erschienen:

Susanne Krahe
Der Geschmack von Blau
Was ich weiß, seit ich nichts mehr sehe
Neukirchen-Vluyn 2011

Susanne Krahe
Markus, der Zweifler
Roman
Neukirchen-Vluyn 2009

Eberhard Fincke
Gesang gegen die herrschende Meinung
Das Vaterunser – ein Fingerreim
Stuttgart 2000

Eberhard Fincke
Das Recht liegt auf der Hand
Ein Erbe der Evolution
Berlin 2011

Bibliografische Information
der Deutschen Nationalbibliothek

Die Deutsche Nationalbibliothek verzeichnet diese Publikation in der Deutschen Nationalbibliografie; detaillierte bibliografische Daten sind im Internet über <http://dnb.d-nb.de> abrufbar.

www.echter.de

Gestaltung: Peter Hellmund
(Umschlagbild: Thinkstock)

Druck und Bindung: CPI – Clausen & Bosse, Leck

ISBN 978-3-429-03584-6 (Print)
ISBN 978-3-429-04690-3 (PDF)
ISBN 978-3-429-06089-3 (ePub)